大江大河
全景手绘百科

文/王宸　图/舆知手绘组

长江

化学工业出版社
·北京·

图书在版编目（CIP）数据

大江大河全景手绘百科．长江 / 王宸文；奥知手绘组图．—北京：化学工业出版社，2023.5
ISBN 978-7-122-43187-5

Ⅰ．①大… Ⅱ．①王… ②奥… Ⅲ．①长江－儿童读物 Ⅳ．① K928.42-49

中国国家版本馆 CIP 数据核字（2023）第 054441 号

审图号：GS 京（2023）0926 号

奥知手绘组：成立于 2015 年，团队成员来自游戏设计、壁画、影视、艺术品设计、舞台、雕塑、油画等行业，坚持精细化创作，致力于通过手绘方式为读者带来更好的阅读体验。

出 品 人：李岩松
责任编辑：笪许燕
营销编辑：龚 娟 郑 芳
责任校对：李雨晴
装帧设计：王 婧

出版发行：化学工业出版社
（北京市东城区青年湖南街 13 号 邮政编码 100011）
印 装：北京卡梅尔彩印厂
787mm × 1092mm 1/8 印张 12 字数 183 千字
2023 年 6 月北京第 1 版第 1 次印刷

购书咨询：010-64518888
售后服务：010-64518899
网 址：http://www.cip.com.cn
凡购买本书，如有缺损质量问题，本社销售中心负责调换。

定 价：128.00 元

引 言

长江干流全长约6300多千米，流域面积约180万平方千米，是亚洲第一长河、世界第三长河。

它像一条巨龙，从青藏高原唐古拉山脉各拉丹冬雪山蜿蜒而下，穿越青海、西藏、四川、云南、重庆、湖北、湖南、江西、安徽、江苏、上海11个省级行政区，最后注入东海。

从源头到湖北宜昌为上游，长约4504千米，横跨我国地势的第一、二级阶梯，落差超过5000米，水流湍急，水能资源极为丰富。

从宜昌到江西湖口为中游，长约955千米，两岸支流众多、湖泊星罗棋布，河道落差小，蜿蜒曲折，降水量又明显受季节影响，容易出现洪灾。

从湖口到崇明岛附近的入海口为下游，长约938千米，地势低平，水流相当缓慢。特别是在三角洲一带，江面扩张，成了宽广的喇叭形，泥沙不断沉积，造就了面积越来越大的陆地。

江苏南京以下又称扬子江，在英语中，the Yangtze River代表整条长江。

“滚滚长江东逝水，浪花淘尽英雄。”长江不光是集险峻、壮阔、清丽于一身的自然画卷，也是徐徐铺开的史书，写尽了千古兴亡。

“母亲河”的称号，长江同样当之无愧。文明起源是多元而非一元的，史前六大考古文化区系中，长江流域拥有三席，同黄河流域平分秋色。

正是因为有了长江文明，以及它和黄河文明的互补、融合，中华文明才薪火相传数千年，创造了世界历史上独一无二的奇迹。

从源头到湖北宜昌是长江的上游，长约 4504 千米，占到全长的 70%。而上游又分江源、通天河下游、金沙江和川江四段。

长江的源头不是一个点，而是一大片！

它囊括了昆仑和唐古拉两道山脉之间的广袤地区，总面积超过 10 万平方千米。而且，黄河跟澜沧江（上源是扎曲）的起点就在不远处，形成了“**三江源**”。 这里号称“中华水塔”，平均海拔 4000 多米，是我国最高的天然湿地。

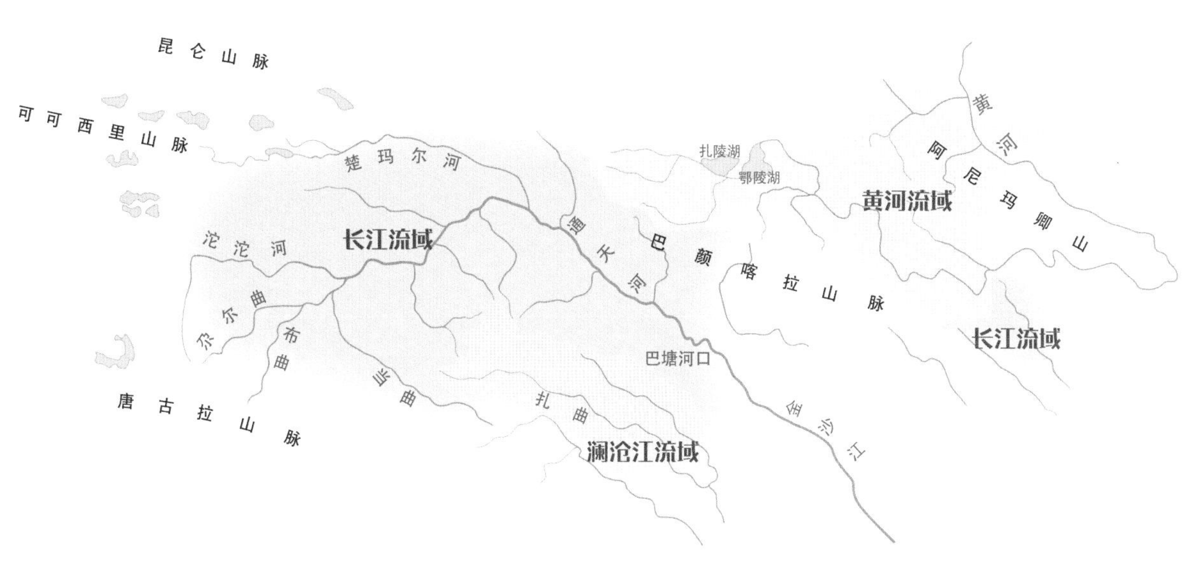

（示意图）

长江源头究竟在哪里?

寻找长江源头，可费了好一番周折。

直到清朝前期，大家才确定，长江上游的主干道是金沙江。

康熙五十七年（公元1718年）的《皇舆全览图》中，记录了通天河上游的大致情形。这是中国第一幅采用近代测量技术的地图，主要由西方传教士完成。

两年以后，皇帝派出专使前往青藏高原，想搞明白继续沿江上溯会看到什么。可惜那里的气候和交通条件实在太恶劣，专使没办法寻根究底，面对密密麻麻的细流，只得出了“江源如帚，分散甚阔”的含糊结论。

1976年和1978年夏天，长江流域规划办公室（现在叫长江水利委员会）先后两次派出调查队，深入江源地区进行考察和研究。

他们发现，长江源头有5条比较大的河流：楚玛尔河、沱沱河、当曲、布曲、尕（gǎ）尔曲。尕尔曲是布曲的支流，布曲又是当曲的支流。当曲和沱沱河在青海囊极巴陇“相会”，往下才是通天河。

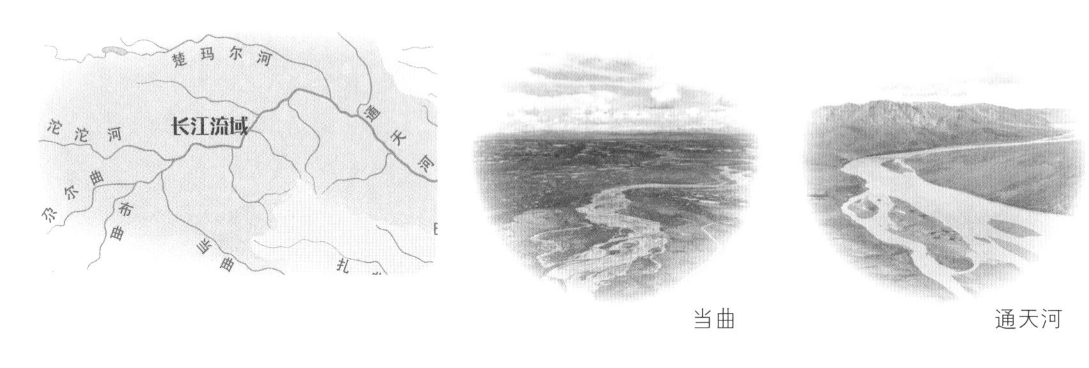

当曲

通天河

长江不止原来以为的5800千米，所以它只排在尼罗河和亚马孙河的后面，取代了全长约6020千米的密西西比河，变成季军。

1987年终于正式确认，沱沱河是长江的正源（也叫西源），当曲是南源，楚玛尔河是北源。

不过，沱沱河的桂冠未必能戴稳!

近些年，再次考察长江源头三大水系以后，有人指出，正源应该是当曲——经过更加精密的测量，发现它略长于沱沱河，流量和流域面积也都更大。

然而，这桩“公案”目前还没有定论。它不是简单的对错问题，意味着我们靠勇气、坚韧和先进的科技手段，对自然的理解越来越深入。

三个源头各有风姿

发源于姜根迪如冰川的沱沱河，一路欢快地小跑着。冰川融水中携带大量泥沙，所以它比较浑浊。

楚玛尔河一角

楚玛尔河的起点在可可西里自然保护区深处，流经含铁丰富的岩层，被“化了个妆”，成为红水河（楚玛尔河的藏语意思）。

当曲路过许多湿地，河水给滤了一遍又一遍，因此清澈见底。

神秘的大河之书

近几年，人们在通天河流域发现了很多岩画。它们是刻画在露天岩石上的图案，算得上河畔先民们留下的“日记”，记录了生活中的点点滴滴，例如狩猎、放牧和祭祀。这证明长江源不是无人区!

这些岩画早的距今3500年左右，晚的也有2000多年的历史。上面有牦牛、鹿、豹等常见动物，还有车辆，甚至六芒星、卍字之类的抽象符号。

通天河岩画像一套密码，破译它，就能了解几千年前长江源的生态、先民的日常和迁徙路线。

高寒生物自然种质资源库

长江源头海拔高、人迹罕至，但别以为是不毛之地哦。这里的生物世界热闹着呢，能见到针叶林、阔叶林、灌丛、草甸、草原等不同类型的植被，还有一百多种野生动物，大多数都是青藏高原特有的。

在宽阔的高原河谷，一条条水道和数不清的大小沙洲相互交织，分分合合，看起来像小姑娘头上的发辫一样，被称为“辫状水系”。它们隔开了部分天敌，又滋养了丰茂的水草，是藏羚羊、白唇鹿等野生动物的理想家园，斑头雁、黑颈鹤、燕鸥等候鸟也会把这里当成迁徙的中转站，养精蓄锐、生儿育女。连飞越喜马拉雅山过冬的蓑羽鹤，都会来补充体力。

这些“动物明星”，你认识多少?

在云南省境内的横断山脉之间，金沙江、澜沧江和怒江这三条发源于青藏高原的大江，自北向南，并肩奔流170多千米，形成“三**江并流**”的奇观。挨得最近的时候，澜沧江与金沙江的直线距离只有66千米，澜沧江与怒江的直线距离达不到19千米。

澜沧江一“出国”，就改名湄公河，流经缅甸、老挝、泰国、柬埔寨、越南，全长4909千米，注入南海，算得上亚洲最重要的国际河流。

而怒江“出国”后，则改名萨尔温江，又叫丹伦江，流经缅甸、泰国，全长3200多千米，注入马达班湾（属于印度洋）。

它们都是中南半岛的“大动脉”。

（示意图）

惊心动魄虎跳峡

金沙江并没有像另外两个“姐妹”一样继续南行，而是朝东北来了个急转弯，一头冲进玉龙雪山和哈巴雪山的包夹当中，形成了虎跳峡。

它离丽江不远，是世界上最深的大峡谷之一。江水咆哮着撞向岩壁，碎成千堆雪，声音跟打雷似的，隔着好几里地都能听到，惊心动魄。

在这里，水面最窄处只有三十几米，传说老虎只要在江心那块巨石上借个力，就可以跳到对岸，所以当地人叫它“虎跳石”。

丽江古城

丽江古城始建于宋末元初。它不像中原城市一样四平八稳，更灵活也更自由，看不见棋盘般规整的道路网，也看不见让人生畏的城墙。要是天公作美，还能远眺到十几千米外的玉龙雪山。

三条自然水系穿城而过，跟家家户户都打了个招呼。大街小巷顺山势蜿蜒，也迁就溪流的走向。它们大多用“五花石”铺成，上面有图画一样的天然纹理，晴天没有灰尘，雨天也不会泥泞。

茶马古道

“茶马古道”有狭义、广义两种理解。

前一种是指起点在云南或四川，越过横断山脉和喜马拉雅山脉进入西藏地区的交通和商贸古道，主要靠马帮运载茶叶。

后一种范围就大多了！不管是中国西南各省之间，还是它们和周边国家（尼泊尔、印度，甚至更远），只要用了人赶马驮的运输方式，哪怕买卖的是茶叶以外的货物，照样可以算进来。

神秘的茶马古道在唐朝就已经形成了，是“南方丝绸之路”的重要分支。它可能是世界上海拔最高也最艰险的文明交流通道，成功走下来别提有多不容易了——要翻过崇山峻岭、越过急流险滩，还要扛住足以要人命的天气变化。稍微想想，就够胆寒的了，对马帮的丰富经验和过硬的心理素质，真是不服气不行。

丽江木府

明朝为了降低西南边疆的管理成本，少数民族首领只要乐意合作，就会被封为“世有其地、世管其民、世统其兵、世袭其职”的土司，世代享有各种权威。

丽江木府，就是云南纳西族木氏土司的衙门。它是参照紫禁城等中原建筑建造的，却也没有忽略自己的特色——不是坐北朝南，而是面朝太阳所在的东方。

纳西人最开始没有汉族姓氏，“木”姓是朱元璋赐的。木氏土司向往中原文化，“知诗书，好礼守义”。大旅行家徐霞客曾经应邀前去做客，跟土司一见如故，成了知己。他赞叹木府“宫室之丽，拟于王者”。

从青海玉树巴塘河口到四川宜宾岷江口的这段长江干流，叫**金沙江**。它长约 2290 千米，流域面积 36.2 万平方千米。

金沙江在古代曾叫黑水、绳水，到了宋朝，由于出产金沙，所以有了这个漂亮名字。在元朝，它还叫过丽江。

抵达宜宾之后，拥抱了岷江，长江才开始叫长江！

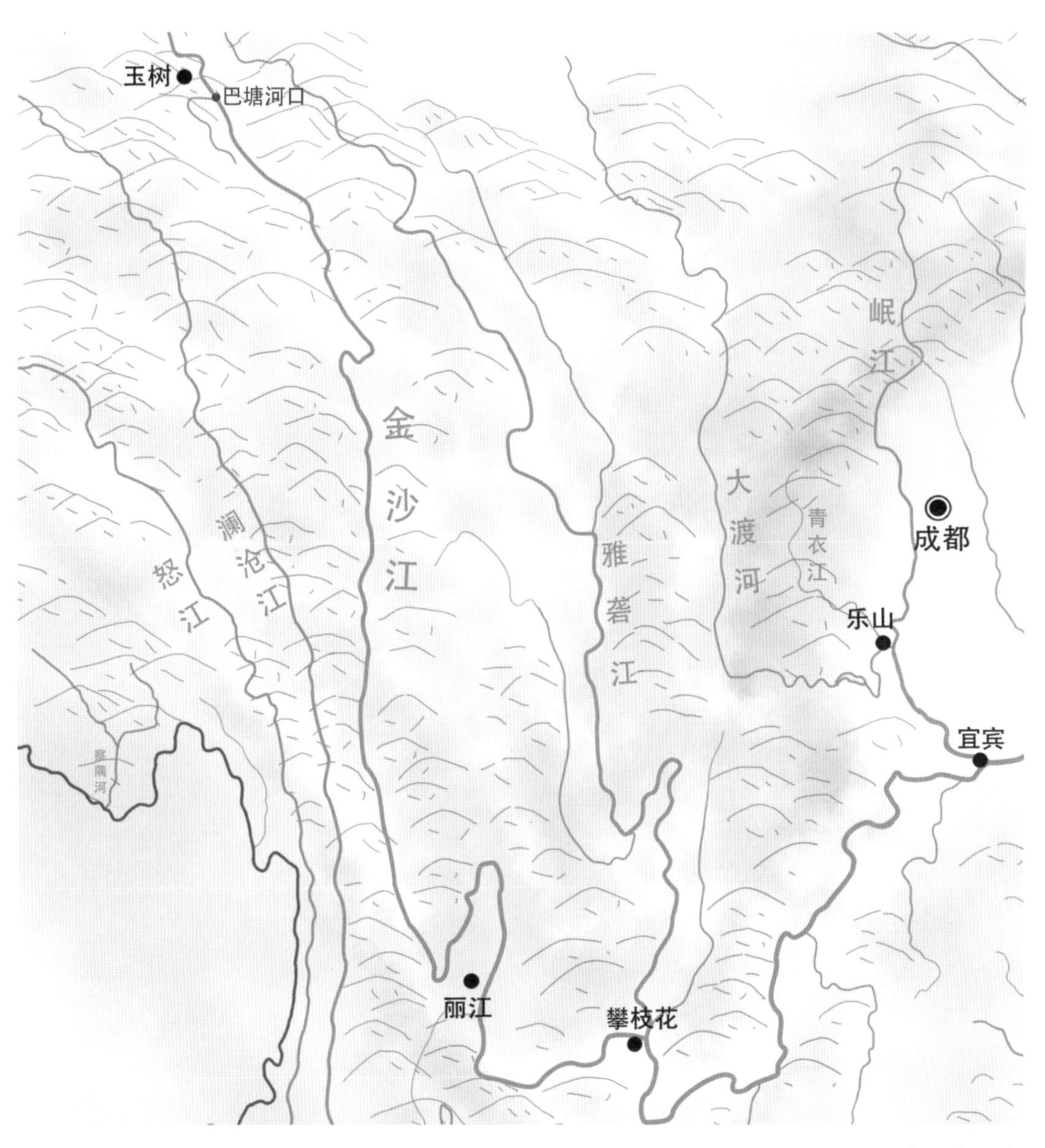

（示意图）

长江拥有超过7000条支流，其中，雅砻（lóng）江、岷（mín）江、嘉陵江、乌江、汉江、沅（yuán）江、湘江、赣（gàn）江这“八大支流”的流域面积都超过8万平方千米，和干流一起构成了长江水网的“骨架”。接下来，我们会一条一条认识它们。

雅砻江

雅砻江古称若水，藏语名字叫“尼雅曲”，意思是“多鱼之水”。

它发源于青海巴颜喀拉山西南麓，被称为札曲或清水河，四川石渠以下才叫雅砻江，在攀枝花注入金沙江，全长约1535千米。

雅砻江是金沙江最大的支流，它汇入以后，金沙江的水量增大了一倍。它的自然地理特征跟金沙江非常像，是典型的峡谷河流，落差巨大、弯多水急，不适合航运，却蕴藏着丰富的水能。

岷江

岷江又叫汶江、都江，是长江水量最大的支流，年均径流量是黄河的两倍多。它发源于青藏高原东端的岷山南麓，全长735千米，上、中、下游的分界点是都江堰和大渡河口。

为什么金沙江和岷江的泥沙含量都不低?

它俩多沙的原因跟黄河不大一样！

这一带山高坡陡，地震频发，岩层破碎。而且气候干湿分明，岩层风化严重，很多已经松散了，让暴雨一冲刷，就容易落到江里，或者出现崩塌、滑坡、泥石流之类的自然灾害。

锦官城

“晓看红湿处，花重锦官城”，杜甫《春夜喜雨》中的“锦官城”，指成都。从西汉起，这里出产的蜀锦就闻名全国，所以得了这个美称。此外，它还叫“蓉城”，因为五代十国时，宫苑城上种满了木芙蓉，灿若云霞。

很长时间里，成都是西南重镇，也是长江上游最大的都市。唐朝中后期，它和扬州的经济地位甚至超过了长安和洛阳，所以出现了“扬一益二”（成都是益州的核心）的说法。

北宋前期，世界第一张纸币——交子，就是在成都诞生的。这也证明，那里的商贸有多么热闹。

都江堰有什么用？

岷江上游地势比成都平原高得多，河道又窄，一到雨季，洪水就奔腾而下，带来灾难，出现“人或为鱼鳖（biē）”的惨剧。

要是放任不管，日子可怎么过！所以秦昭襄王在位时（公元前3世纪中期），蜀郡太守李冰父子修建了都江堰。

它的整体思路是将来势汹汹的岷江拆开，这样不光可以减轻水患，还可以滋养成都平原上的农田，化害为利。

主体工程大致有三部分——

“分水鱼嘴”，把岷江分成了两股。西边的外江用来排洪，宽而浅；东边的内江用来灌溉，窄而深。

它能起到自动调节内外江进水量的作用，冬春旱季是六四开，而夏秋雨季水位更高，主流直接奔着外江去了，于是正好反过来，变成了四六开。这样既避免了闹灾，又确保了哪怕在枯水期也不会“断供”。

“宝瓶口”，在玉垒山上凿开一个口子，发挥“节制闸”的作用，是控制内江进水量的咽喉。

“飞沙堰”，功能是泄洪排沙，保证内江畅通。

当内江水量超过宝瓶口流量上限时，多余的江水就会从这里溢出。要是碰到特大洪水，它还会自行溃堤，保护灌区的安全。

如果没有都江堰，成都平原就不可能变成“水旱从人，不知饥馑（jǐn），时无荒年”的“天府之国”。直到今天，它依然勤勤恳恳地执行着两千多年前领到的“任务”，不知疲倦。

岷江
分水鱼嘴
鱼嘴分水堤
外江
内江
飞沙堰
宝瓶口
离堆
岷江

都江堰工程示意图

自四川宜宾到湖北宜昌的这一段长江，又叫**川江**。它全长约1030千米，是连通西南地区的“黄金水道”，主要支流有左岸的岷江、沱（tuó）江、嘉陵江，和右岸的赤水河、乌江等。

由于四川盆地向南倾斜，川江两边的支流很不对称，左岸的更长、更有气势，右岸的大多比较短小。

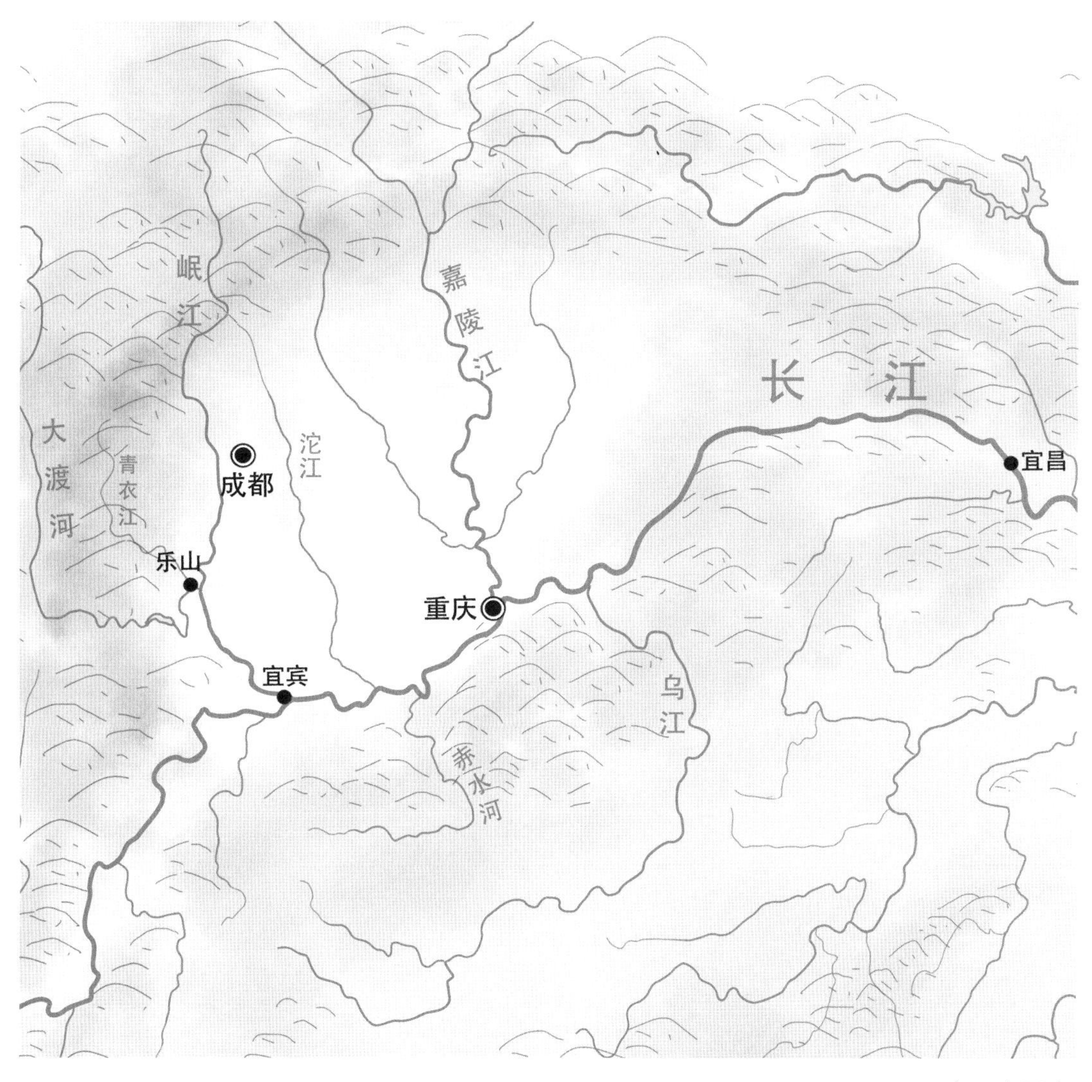

（示意图）

古人的认识误区

中国最早的地理书《尚书·禹贡》提出“岷山导江，东别为沱”，《山海经》和《荀子》里也有类似的提法，大家都认为岷江是长江的正源。

到了西汉，武帝推崇儒术，《尚书》变成“五经之首”，这种观点就更加权威了。

近两千年以后的明朝中叶，才有学者慢慢发觉，岷江并不是长江正源。地理学家徐霞客通过实地考察，明确指出干流应该是金沙江。可惜他没有官方身份，所以《读史方舆纪要》之类的重要地理书继续将错就错。等到康熙皇帝发话，岷江才终于“走下神坛”。

徐霞客

大渡河

大渡河是岷江最大的支流，古称沫水、金川、阳山江等。它发源于青海玉树境内的果洛山（属于阿尼玛卿山脉）南麓，全长约1062千米。著名的峨眉山，就在它流域之内。

大渡河明明长度、流域面积、水量都超过岷江，为什么只能算长江的二级支流？

这是个“历史遗留问题”！

一方面古人觉得，顺下来不拐弯的才是干流。右边这幅图上，东边的那条直一点的支流是岷江，西边拐了个大弯的是大渡河。古人没条件比较长度和流域面积，光看走势，就容易被“误导”，以为岷江地位最重要。

另一方面，岷江开发得更早，沿途人烟稠密、经济繁荣，航运价值也更高。而大渡河地处偏远山区，人们对它的了解远远不够。金沙江也吃了类似的亏。

青衣江是大渡河下游最重要的支流，李白《峨眉山月歌》里提到的“平羌江”，就是指它：“峨眉山月半轮秋，影入平羌江水流。夜发清溪向三峡，思君不见下渝州。”

暗藏机关的乐山大佛

乐山大佛“学名”嘉州凌云寺大弥勒石像，是中国最大的摩崖石刻佛像，通高71米，脚面上坐得下一百多人。

它头与山齐，慈悲地垂眼望向岷江、青衣江、大渡河的交汇点。这里水势相当湍急，特别是夏天，搞不好就可能船毁人亡。唐玄宗开元年间，海通和尚辛辛苦苦筹集人力和财力，希望通过开凿大佛，消除这种灾祸。遗憾的是，大佛刚雕出头部和肩膀，他就去世了，直到唐德宗时大佛才彻底完工，足足花了90年。

乐山大佛身上藏着巧妙的排水系统，这是它“驻颜有术”的秘诀。清朝诗人王士祯（zhēn）说，“泉从古佛髻中流”。大佛的螺髻、领子和衣服褶子里都有排水沟，能将雨水和渗出的地下水收集起来，从右脚外侧直接导入岷江。

嘉陵江又叫阆（làng）水、西汉水、渝水等，重庆的简称“渝”也是这么来的。

它发源于秦岭北麓，干流先后经过陕西、甘肃、四川、重庆，长约 1120 千米，在重庆朝天门注入川江。要论流域面积，嘉陵江在长江的支流当中排第一。

乌江又叫巴江、黔（qián）江等，流急、滩多、谷狭，是名声在外的“天险”，也是贵州的母亲河。

它发源于乌蒙山东麓，长约 1037 千米，在重庆涪（fú）陵注入川江，两岸风光奇秀，被誉为“千里画廊”。

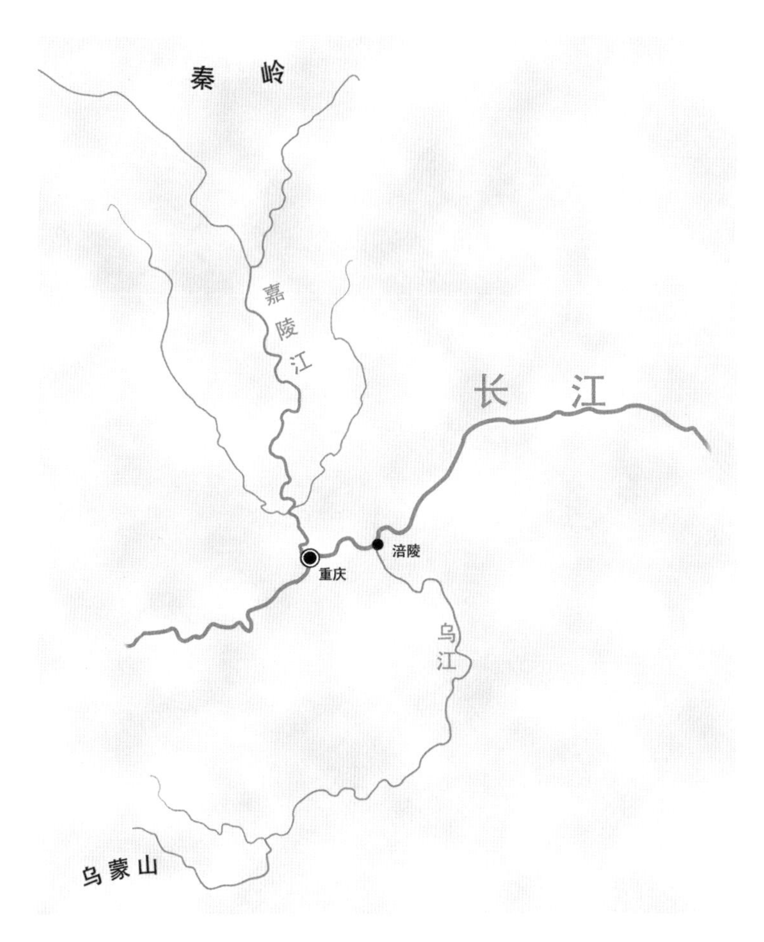

（示意图）

山城重庆

先秦时期，四川盆地主要归两个国家管辖：东边的巴国，核心在重庆一带；西边的蜀国，核心在成都平原。所以，这片地区又叫“巴蜀”。

重庆是不折不扣的“立体城市”，建筑顺应地势、密密麻麻，很少有笔直平坦的路能走，基本是曲里拐弯的上下坡，因此得了个“山城”的美称。索道和缆车也跟轮渡、立交桥一样，成了人们出行的“刚需”。

由于高度差无处不在，又依山傍水，时不时能遇见意料之外的景色——穿楼而过的轻轨、高层一开门就是马路、江面上倒映着层层叠叠的霓虹灯……

现在，重庆成了中国最年轻的直辖市，越来越生机勃勃。

喀斯特地貌是怎么回事？

喀斯特地貌其实就是岩溶地貌！这个名字来源于亚德里亚海北部沿岸的喀斯特高原，那里分布着千奇百怪的石灰岩。

水对主要成分是碳酸钙的岩石进行溶蚀、冲蚀、潜蚀等作用，就形成了鬼斧神工的瑰丽景观：峰林、溶洞、天生桥、落水洞、钟乳石、石笋、石柱、地下河……

世界上第一个系统描述和分析岩溶地貌的人是徐霞客，比西方学者早了将近200年。

西南各省都能看到大片大片的岩溶地貌，比如我们熟悉的广西桂林山水、四川九寨沟、云南路南石林、重庆武隆天坑地缝等。

桂林漓江山水

四川九寨沟

云南路南石林

重庆武隆天坑

古人吃的盐是哪里来的?

盐是人们生活中最不可或缺的调味料，号称“百味之祖”，可以分成好多种。

总的来说，东南人大多吃海盐，西北人大多吃池盐（也叫湖盐），西南人大多吃井盐。

池盐最著名的产地之一，是山西运城。那里的河东盐池（也叫解池）已经开发了几千年，被柳宗元称作“晋之大宝”，今天还在源源不断地输送好多种关键化工原料。

重庆和四川都盛产井盐。渝东蕴藏着丰富的盐矿资源，自西周起，大家就知道该怎么制盐了：通过打井，将地下的卤水汲上来，引到支好的锅里，点火煎煮。

跟海盐、湖盐相比，井盐技术含量更高、工序更复杂，前期投资也更大。

以重庆为界，川江可以分成上下两段。在下段，奉节白帝城到宜昌南津关，也叫“峡江”。无数文人墨客题咏过的三峡，就在这里。

三峡全长不到 200 千米，是瞿（qú）塘峡、巫峡、西陵峡的总称。

瞿塘峡位于重庆奉节，长 8 千米，在三峡当中最短、最窄，也最险峻，气势夺人。

（示意图）

兵家必争之地——白帝城

三峡最西边的入口，是白帝城。它坐落在长江北岸的山上，东望夔（kuí）门，易守难攻，所以自古是兵家必争之地。

蜀汉章武二年（公元222年），刘备为了给义弟关羽报仇，亲自率领大军伐吴，却被“火烧连营”，败在东吴主帅陆逊手下，只能退守白帝城。

第二年春天，刘备病势越来越重，临终前将丞相诸葛亮从成都召来，让他辅佐自己的儿子刘禅（小名阿斗）。

面对扶不起来的阿斗，诸葛亮没有取而代之，而是“鞠躬尽瘁、死而后已”，用余生践行了对刘备的承诺。“奉节”这个县名，是唐朝人为了纪念他“托孤寄命，临大节而不可夺”的品质而起的。

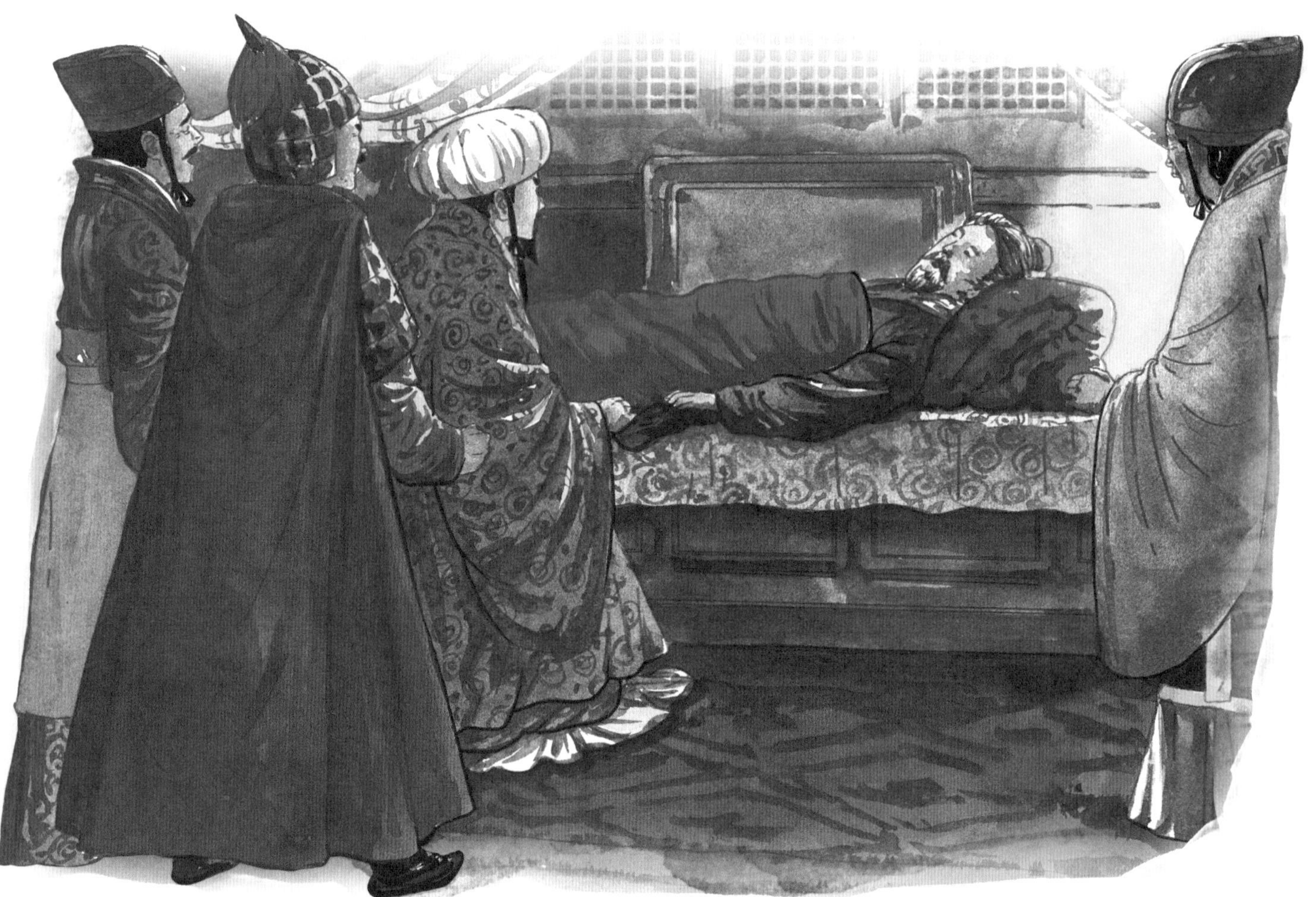

“安史之乱”期间，李白掺和进了永王李璘（lín）起兵谋反的案子，被流放夜郎（位于贵州，“夜郎自大”的典故就和这里有关）。

唐肃宗乾元二年（公元759年）春天，李白走到三峡时，盼来了大赦的好消息，终于可以回家了。他又惊又喜，写下了传诵千古的《早发白帝城》：“朝辞白帝彩云间，千里江陵一日还。两岸猿声啼不住，轻舟已过万重山。”

瞿塘峡的西大门

夔门又叫瞿塘关，是瞿塘峡的西大门。这里最窄的地方还不到50米，滚滚而来的长江水一下子给“拢住”了，格外湍急凶猛，两岸山崖却有几百丈高，上面能看见刀劈斧凿一般的痕迹，像是天生的坚固城墙。所以杜甫在《夔州歌》里说，“白帝高为三峡镇，瞿塘险过百牢关”（“瞿塘”一作“夔州”）。如果有战事，常常会在这里以铁链锁江，好控制三峡航道。

关于巴蜀一带的名胜，流传着这样的提法：“峨眉天下秀，青城天下幽，剑门天下险，夔门天下雄”。

滟滪堆

就在瞿塘峡口，好大一块石头孤零零地卧在江心，再有经验的船工看到，都会吓出一身冷汗。

它，就是在诗词里“出镜率”不低的滟滪（yàn yù）堆。苏东坡曾作《滟滪堆赋》，描述江流撞击它的情景，大意是：（蜀江）猛然暴怒地疯狂冲击滟滪堆，发出震天的吼声，尽力与这块巨石争斗，滔滔之势就像千军万马从西边奔腾而来。

秋冬枯水季节，滟滪堆露出来的部分多一些，比较显眼。到夏天涨水时，它会居心叵测地“躲”起来，四周不是激流就是漩涡，船速根本控制不住，一不留神就会撞到堆上，粉身碎骨。所以流传着这样的歌谣，不知是多少船工的血泪经验总结：“滟滪大如马，瞿塘不可下。滟滪大如象，瞿塘不可上。滟滪大如牛，瞿塘不可流。滟滪大如幞（fú，古人的一种头巾），瞿塘不可触。滟滪大如鳖，瞿塘行舟绝。滟滪大如龟，瞿塘不可窥。”

20世纪50年代末，为了疏通长江航道，滟滪堆被炸掉。大家经过时，终于用不着担惊受怕了。

巫峡位于重庆巫山和湖北巴东两县境内，长约 46 千米。“曾经沧海难为水，除却巫山不是云”和“巴东三峡巫峡长，猿鸣三声泪沾裳”，说的都是这里。

西陵峡西起湖北巴东县官渡口，东至宜昌市南津关，全长 120 千米，是三峡中最长的，两岸怪石林立，滩多水急。

风光旖旎的巫峡

神女峰

三峡中最“精致”的要数巫峡，风光出了名的幽深绮丽，特别是两岸的十二峰。

其中的神女峰，据说是高唐神女瑶姬的化身。刘禹锡送过她这样诗情画意的句子：“巫山十二郁苍苍，片石亭亭号女郎。晓雾乍开疑卷幔，山花欲谢似残妆。”

北魏地理学家郦道元的《水经注》中，要数描写三峡的这段文字最动人：

“两岸连山，略无阙处。重岩叠嶂（zhàng），隐天蔽日，自非亭午夜分，不见曦（xī）月。

至于夏水襄陵，沿溯阻绝。或王命急宣，有时朝发白帝，暮到江陵，其间千二百里，虽乘奔御风，不以疾也。

春冬之时，则素湍绿潭，回清倒影，绝巘（yǎn）多生怪柏，悬泉瀑布，飞漱其间，清荣峻茂，良多趣味。”

巫峡

大意是：

两岸都是连绵的高山，完全没有中断的地方。重重叠叠的峰峦像屏障一样，遮住了天空和太阳。如果不是正午和半夜，就看不到太阳和月亮。

到了夏天江水涨上山陵的时候，顺流而下和逆流而上的航道都被阻断了，无法通航。有时君王的命令要紧急传达，早上从白帝城出发，傍晚就到了江陵，这中间隔着一千二百里，即使骑马飞奔、驾驭着风，速度也不如船快。

到了春天和冬天，就可以看见白色的急流回旋着清波，碧绿的潭水映出了山石林木的倒影。极高的山峰上生长着许多奇形怪状的柏树，悬泉瀑布飞泻下来，在山间冲荡，水清、树荣、山高、草盛，实在趣味无穷。

今非昔比西陵峡

西陵峡曾经是中国最凶险的河段、古代跑船人的“恶梦”，有记载的航行事故数不胜数。

为什么会这样？因为山体滑坡、岩石崩塌、泥石流等地质灾害，让三峡险滩一个接一个、礁石密布。

三峡有四大著名险滩，除了瞿塘峡的滟滪堆，另外三个——青滩、泄滩和崆（kōng）岭滩，都在西陵峡。

从古至今，人们不断摸索对付险滩的方法。随着葛洲坝和三峡库区先后蓄水，三峡水位明显升高，险滩都被淹没了，激流勇进、艰险万分的峡江终于变得波澜不惊、平稳顺畅。

西陵峡

灯影峡

西陵峡里又套着许多更小的峡，各有亮点：牛肝马肺峡、灯影峡、黄牛峡、兵书宝剑峡、白狗峡……而且，两岸都是橘树，挂果时满山黄绿相映，别提有多好看了，清爽的香气沁人心脾。

香溪

西陵峡口有一条美丽的小溪，叫香溪。它发源于神农架山区，流过石灰岩裂缝，水质清澈见底，与长江的交汇处也是“泾渭分明”。

香溪也叫昭君溪，因为“四大美人”之一王昭君的故乡就在上游的宝坪村，又叫明妃村。杜甫游历古迹时曾作诗凭吊她：“群山万壑赴荆门，生长明妃尚有村。一去紫台连朔漠，独留青冢向黄昏。”

顺着香溪还能到达爱国诗人屈原的故乡——秭归城。他的名篇《九章·橘颂》就是借故乡的橘树来抒发理想的。

悬棺之谜

抬头望去，三峡两岸的崖壁上有不少古时候的棺材，叫“悬棺”。有的棺材就是一条独木舟，叫“船棺”。

它们有些可能先秦时就在了，高高悬在缭绕的云雾中，既神秘莫测，又有些吓人。兵书宝剑峡的“兵书”，就是这类“悬棺”。

它们是怎么“飞”上去的？大家百思不得其解。研究和试验以后发现，方法可能有这几种——

用绳索把棺木从崖顶往下吊，送到事先挑好的天然岩洞或人工开凿的龛（kān，石室或小阁子）里；

在崖壁上挖一些脚窝，或者凿孔打桩、铺设简单的栈道，一点点爬上去，将棺木搬到预定的位置；

在山脚搭起木架，通过滑轮之类的机械装置，把棺木运上去。

“悬棺葬”是古代少数民族的一种殡葬方式。在南方很多省份，河流两岸的峡谷中都能看到这种景致。

古人为什么要费心费力这样做？谜团还没有完全解开。

史料记载，当时大家相信，葬得越高，就表明对长辈越孝顺；也有学者推测，选择“悬棺葬”是为了不让死者受到人或动物的打扰，或者接近神灵所居的天上。

悬棺

一过宜昌南津关，长江就进入**中游**，流经湖北、湖南、江西三个省，一直到江西湖口。

和上游相比，中游地势开阔多了，两岸主要是冲积平原，湖泊星罗棋布、水网纵横。主要的支流有沅江、湘江、汉江、赣江，其中，汉江是长江最长的支流。我国第一大淡水湖鄱（pó）阳湖、第二大淡水湖洞庭湖都在这片区域。

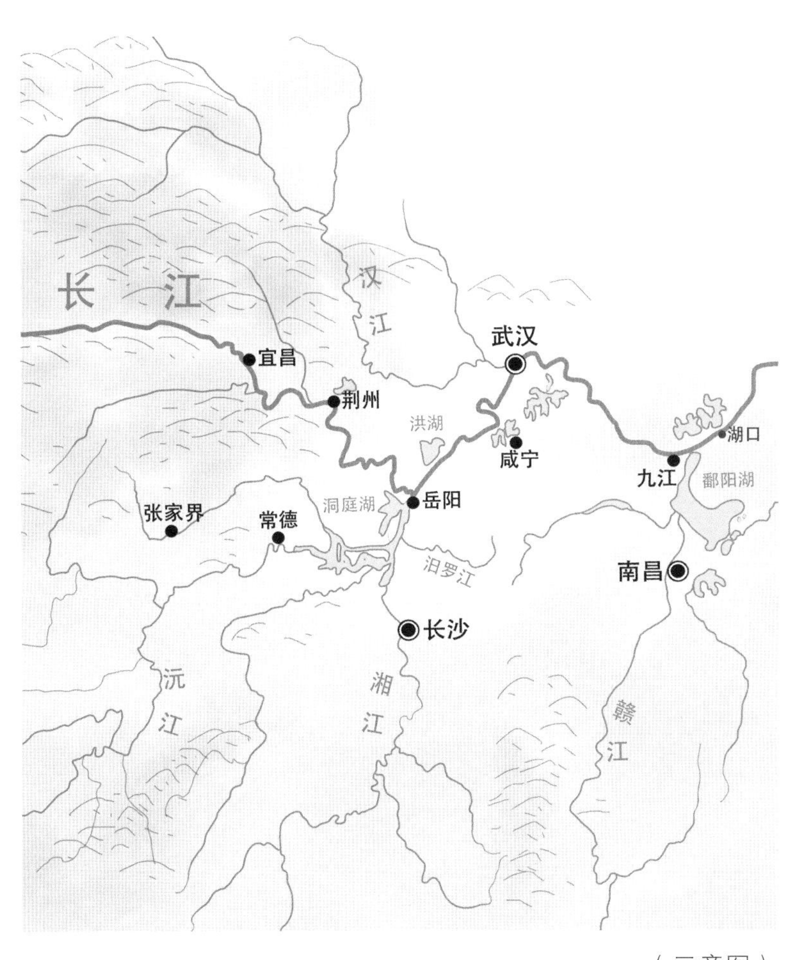

（示意图）

宝贝频出的纪南城

春秋战国时期，楚国有不止一个都城，最重要的叫郢（yǐng）都，就是现在湖北荆州附近的纪南城。“荆”也是楚国的别称。

它不知是多少帝王将相大展身手的舞台，也不知是多少楚国子民生死不离的家园。所以，纪南城一带的考古成果非常丰硕：红黑相映的精美漆器、设计感十足的玉雕……

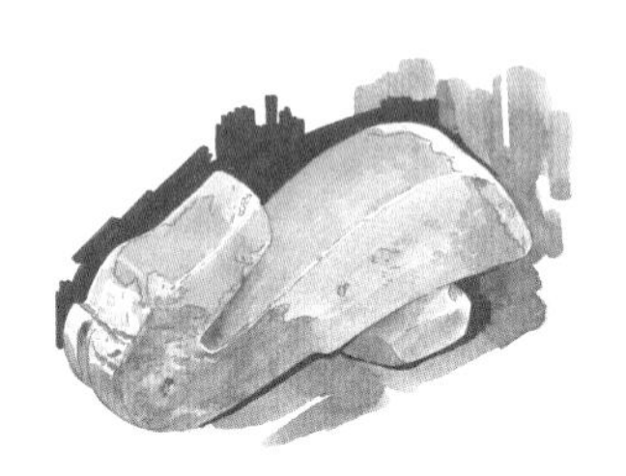
兽首玉带钩（战国）
湖北省博物馆藏

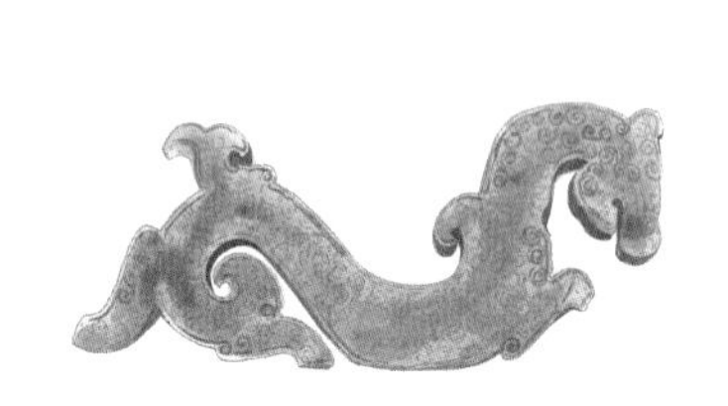
龙形玉佩（战国）
湖北省博物馆藏

彩绘神人怪兽纹龟甲形漆盾
（西汉早期）
荆州博物馆藏

汤鼎（战国）
湖北省博物馆藏

彩绘勾连云纹漆耳杯（战国）
荆州博物馆藏

漆壶（西汉）
荆州博物馆藏

木辟邪（战国）
荆州博物馆藏

越王勾践剑（春秋）
湖北省博物馆藏

马山一号楚墓被誉为“丝绸宝库”，两千多年过去，出土的刺绣依然光彩照人，代表了当时的最高水平。

大名鼎鼎的越王勾践剑，就是在望山一号楚墓里被发现的。

越国的宝物，为什么会陪着楚国贵族下葬？考古学家有好几种推测。

它可能是勾践给女儿的嫁妆，此后在楚国王室之中代代相传，墓主人实在太喜欢了，干脆将它带到了地下；也可能是楚国灭掉越国时的战利品，墓主人或者他的祖先立下过功劳，所以领到了价值连城的赏赐。

为什么大家都想夺荆州？

历史上，荆州可以是一大片，也可以是一座城！

广义的荆州包括好多个郡，像江夏（武汉一带）、南郡、长沙等，大体上就是湖北、湖南两省；而狭义的荆州又叫江陵，坐落在荆江北岸，是南郡的核心。

隋唐时期，南方有三大基本经济区——益州（四川盆地）、荆州（江汉平原和洞庭湖平原）、扬州（太湖平原）。想将它们串起来，就得靠长江航运，而江陵正好在中间，成了举足轻重的水陆交通枢纽和物资集散地。很长时间里，它都是长江中游最繁华的都市。

诸葛亮在《隆中对》里强调了荆州的重要性："北据汉、沔（miǎn，汉水的上源），利尽南海，东连吴会（kuài，浙江一带），西通巴、蜀，此用武之国。"东吴那边，鲁肃也表扬它"有金城之固，沃野万里，士民殷富，若据而有之，此帝王之资也"。再说，荆州位于东吴都城建业（南京）上游，打起仗来，顺流而下的优势实在太大了，要是不把荆州掌握在自己手里，孙权只怕一个安稳觉都睡不了。

既然"英雄所见略同"，汉末三国，围绕着它的战事有多密集、多惨烈，就不难想象了。先是曹操占据荆州，赤壁之战后刘备得荆州，有了立足之地，后来吕蒙白衣渡江，关羽败走麦城，荆州落入孙权手中，从此蜀汉元气大伤。

古时候，长江上下游的运输必须在荆州换船。

它以上是峡江航道，为了方便行驶和拉纤，船普遍脑袋尖尖的，身子也窄。而往下走，就得改乘更宽更平、"额头"方方正正的船，这样才能鼓起帆来，对抗江面上的风浪。

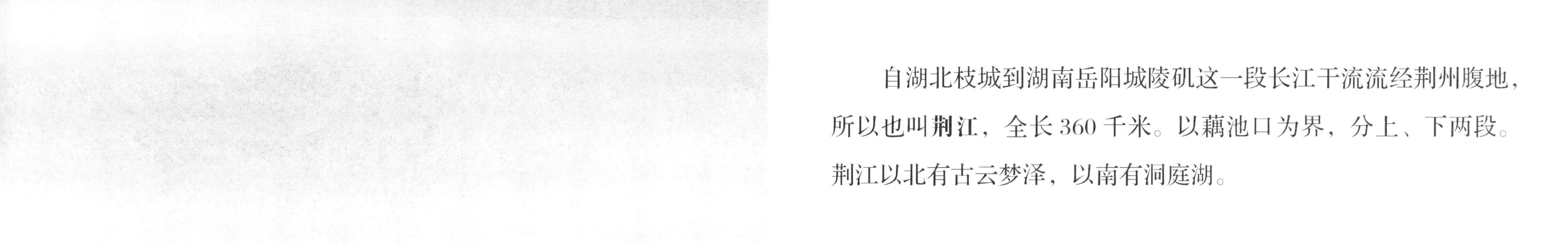

自湖北枝城到湖南岳阳城陵矶这一段长江干流流经荆州腹地，所以也叫**荆江**，全长360千米。以藕池口为界，分上、下两段。荆江以北有古云梦泽，以南有洞庭湖。

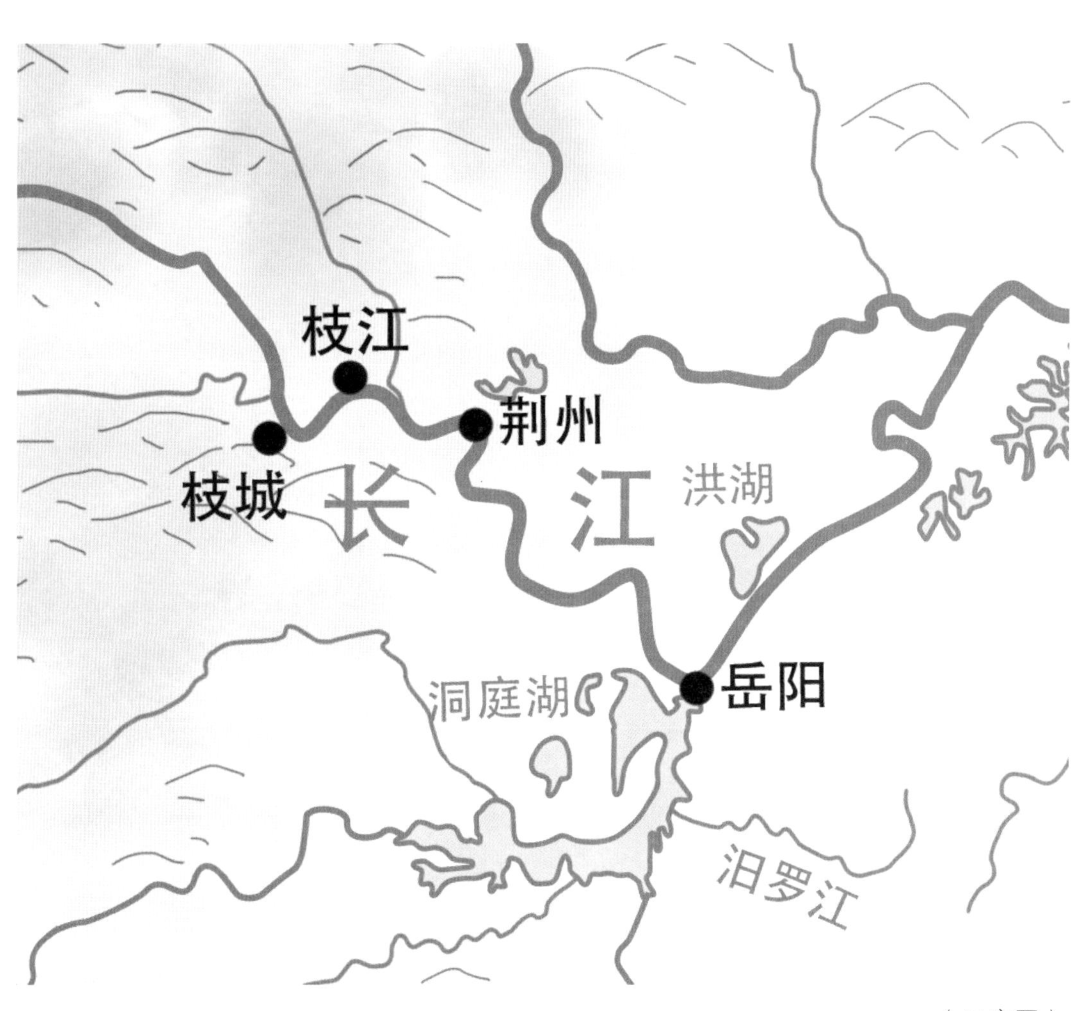

（示意图）

诗文里的“云梦泽”

先秦时期，楚王有一片叫“云梦”的游猎区，里面生活着无数珍禽异兽。古籍记载，他去狩猎时，车马成群结队，旌旗遮天蔽日，野火烧起来好像彩虹，老虎的咆哮声好像雷鸣，蔚为壮观。

“云梦”东起大别山、幕阜（fù）山，西到宜昌、宜都，北抵大洪山区，南边是长江，包括山地、丘陵、平原、沼泽等，其中的大湖就叫“云梦泽”。

西汉文学家司马相如在《子虚赋》中说，云梦泽“方九百里”。然而，由于长江和汉水裹挟的泥沙不断沉积，它的疆域不断缩小，到唐宋时只剩下零零星星的小湖。

现在的洪湖就是它的“遗产”，却再也不复两千多年前的烟波浩渺、雾霭苍茫。

为什么说“万里长江，险在荆江”？

长江一出三峡，“包夹”着它的群山就不见了，失去束缚以后，流速就慢下来，换了一番景致，就像李白在《渡荆门送别》里感叹的：“山随平野尽，江入大荒流。月下飞天镜，云生结海楼。”

这么一来，水流带不动泥沙，淤塞越来越严重，就形成了大大小小的江心洲，水道分汊（chà）也越来越复杂。

下荆江长约240千米，可若是将它“拉直”，就只有80千米了！在这短短的直线距离里，江水绕了16个大弯，因此号称“九曲回肠”。

跟黄河下游一样，这段河床越垫越高，成了“悬河”。蜿蜒曲折的水道不光妨碍航运，到了雨季，洪水不能顺畅地排出去，也会让堤防决口，酿成大祸。

新中国成立以后，可没少花功夫整治荆江——

一方面加固荆江大堤，让它充当屏障；另一方面裁弯取直，缩短河道。于是，荆江“老实”多了，大家也不用年年提心吊胆。

长江故道

在《黄河》分册，我们曾介绍过“牛轭湖”。你知道吗，长江流域的牛轭湖要多得多，而且都集中在下荆江段，形成一道美丽而独特的风景。看着那波平浪静、芦花飞扬的静谧模样，很难想象，千百年前它们曾是滚滚长江的一部分。它们被称为“长江故道”。

为什么会这样？因为“九曲回肠”的荆江轻松满足了牛轭湖形成的条件：

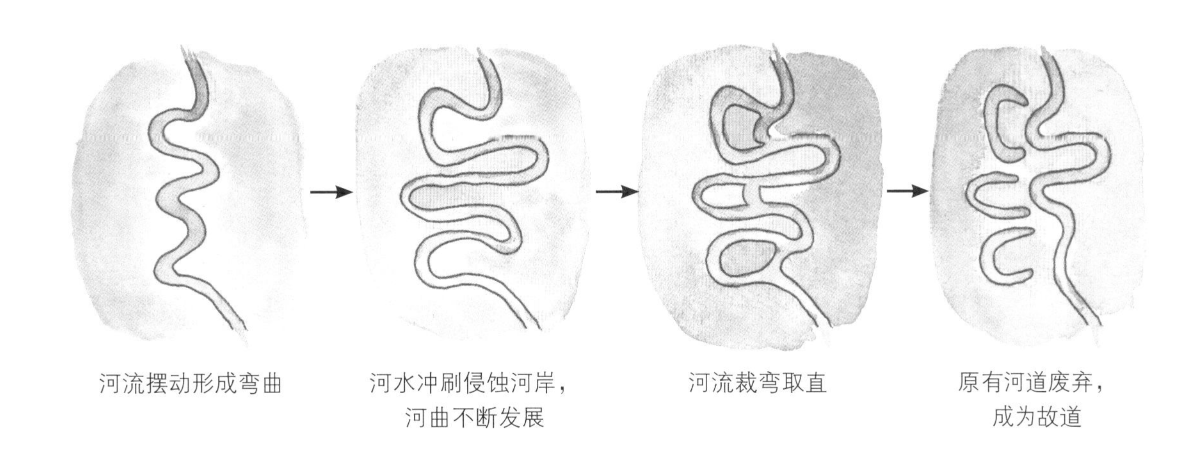

河流摆动形成弯曲　河水冲刷侵蚀河岸，河曲不断发展　河流裁弯取直　原有河道废弃，成为故道

现在，长江故道有的被开发成鱼塘，有的成为国家级自然保护区，是麋鹿、江豚等珍稀动物的乐园，为长江的生态发展书写了浓墨重彩的一笔。

矶是什么意思？

矶指江边凸出水面的大石头，三面环水，一面靠岸。

长江上有名的矶有三座：城陵矶、采石矶、燕子矶。

湖南岳阳的城陵矶，是长江“八大良港”之一，控制着通往洞庭湖的咽喉。

安徽马鞍山的采石矶，又叫牛渚矶，它因李白而名声响亮。李白多次登临这里，留下了不少名篇，像《望天门山》：“天门中断楚江开，碧水东流至此回。两岸青山相对出，孤帆一片日边来。”又如《夜泊牛渚怀古》：“牛渚西江夜，青天无片云。登舟望秋月，空忆谢将军。余亦能高咏，斯人不可闻。明朝挂帆席，枫叶落纷纷。”

民间流传着李白在采石矶“跳江捉月”的故事：一天李白饮酒大醉，看见水中有一轮明月，便伸手去捞，不幸落水而亡。为了纪念李白，唐朝在采石矶建了谪仙楼，后改名太白楼。白居易、王安石、苏轼、陆游、文天祥等文人墨客都曾来这里凭吊李白。

李白

采石矶自古是江防要地。金朝海陵王气势汹汹入侵南宋，正是在这里撞上以书生身份带兵的虞允文，吃了大败仗。

江苏南京的燕子矶，叫这个名字是由于它三面凌空，远远望去像只展翅欲飞的燕子。

洞庭湖是中国第三大湖、第二大淡水湖。湖北和湖南两省名字里的“湖”，就是指它。

它的西边和南边有湘、资、沅、澧（lǐ）“四水”汇入，北有松滋、太平、藕池、调弦“四口”分泄长江之水，是中游至关重要的调蓄湖泊。

（示意图）

屈原

公元前278年，屈原听说楚国都城郢都陷落的消息，悲愤交加，在农历五月初五投汨（mì）罗江自尽。而汨罗江，也注入洞庭湖。

屈原是中国第一个真正意义上的“诗人”，中国浪漫主义文学的奠基人，“楚辞”的创立者和代表作家。主要作品有《离骚》《九歌》《九章》《天问》等。

对他的生平，《史记》写得慷慨悲壮、扣人心弦。到了晚清民国，有些学者提出，屈原可能是汉朝人虚构的。虽然现在普遍认为，端午节的起源或许更早，司马迁的记述也未必全对，但是屈原真实存在过。

直到今天，每逢端午节，大家还会包粽子、赛龙舟，纪念屈原。

八百里洞庭

孟浩然在《望洞庭湖赠张丞相》里写道：“八月湖水平，涵虚混太清。气蒸云梦泽，波撼岳阳城。”

然而，洞庭湖和云梦泽并没有直接关系！它到东晋以后才形成，此前这里只是一片河网密布的沼泽平原。

洞庭湖水面不断向西延伸，到了宋朝，和赤沙、青草两湖连为一体，开始显出“八百里洞庭”的气势。

再往后，由于泥沙淤积，荆江河床抬高，水位超过了洞庭湖，时常发生倒灌。洞庭湖水面进一步扩展，清朝道光年间达到顶点，在汛期超过6000平方千米。

可是，盛极必衰。一方面，它的湖底被荆江倒灌的泥沙垫高，冬春水位下降，就会被露出来的无数沙洲划得支离破碎；另一方面，人们积极围湖造田、与水争地，慢慢蚕食着它。

所以，洞庭湖现在只剩下不到3000平方千米，无奈地将中国第一大淡水湖的“宝座”让给了鄱阳湖。

白银盘里一青螺

洞庭湖中有个小岛叫君山，跟岳阳楼遥遥相对，名茶“君山银针”就是这里出产的。

对它的景致，刘禹锡赞叹有加：“湖光秋月两相和，潭面无风镜未磨。遥望洞庭山水翠，白银盘里一青螺。”

范仲淹与《岳阳楼记》

在《岳阳楼记》里，范仲淹将洞庭湖描绘得活灵活现：

“衔远山，吞长江，浩浩汤（shāng）汤，横无际涯，朝晖夕阴，气象万千……上下天光，一碧万顷，沙鸥翔集，锦鳞游泳，岸芷汀兰，郁郁青青。而或长烟一空，皓月千里，浮光跃金，静影沉璧，渔歌互答，此乐何极！”

想不到吧，范仲淹未必亲眼见过洞庭湖！他可能只是凭着滕子京“约稿”时寄过来的《洞庭秋晚图》，“脑补”出了传诵千古的名篇。

柳毅传书

唐传奇“柳毅传书”的舞台，也是洞庭湖——

书生柳毅去参加科举考试，落榜了。回家乡途中，他遇见落魄的龙女在荒野牧羊。龙女向柳毅哭诉了被丈夫和公婆欺负的情形，并求他帮忙捎一封家信。

柳毅义愤填膺，答应帮她。龙女的叔父钱塘君知道了这件事，暴跳如雷，立刻赶过去，吞掉了龙女的丈夫，救回了龙女。

钱塘君觉得柳毅为人仗义，提出将龙女许配给他。柳毅虽然爱慕龙女，但觉得不能乘人之危、施恩图报，也不满钱塘君倚势压人的做派，于是坚决拒绝了。

好在由于龙女的坚持，他们俩历经波折，最终成了美满夫妻。

沅江发源于贵州东南部，全长约 1033 千米，在湖南常德市德山镇注入洞庭湖。屈原的《九歌》里有一句“沅有芷兮澧（lǐ）有兰”，所以它又叫芷江。

它主要流经崎岖山地，河道弯曲，水流湍急，有不少险滩。

湘江发源于广西兴安，长 800 多千米，在湖南岳阳市湘阴县注入洞庭湖。它是洞庭湖水系第一大河，也是湖南省最大的河流。

它是长江流域汛期最早的支流之一，三峡水库建成以前，每年 4 月就可能迎来最大洪峰，而且汛期多暴雨，所以整个流域频频出现洪水。

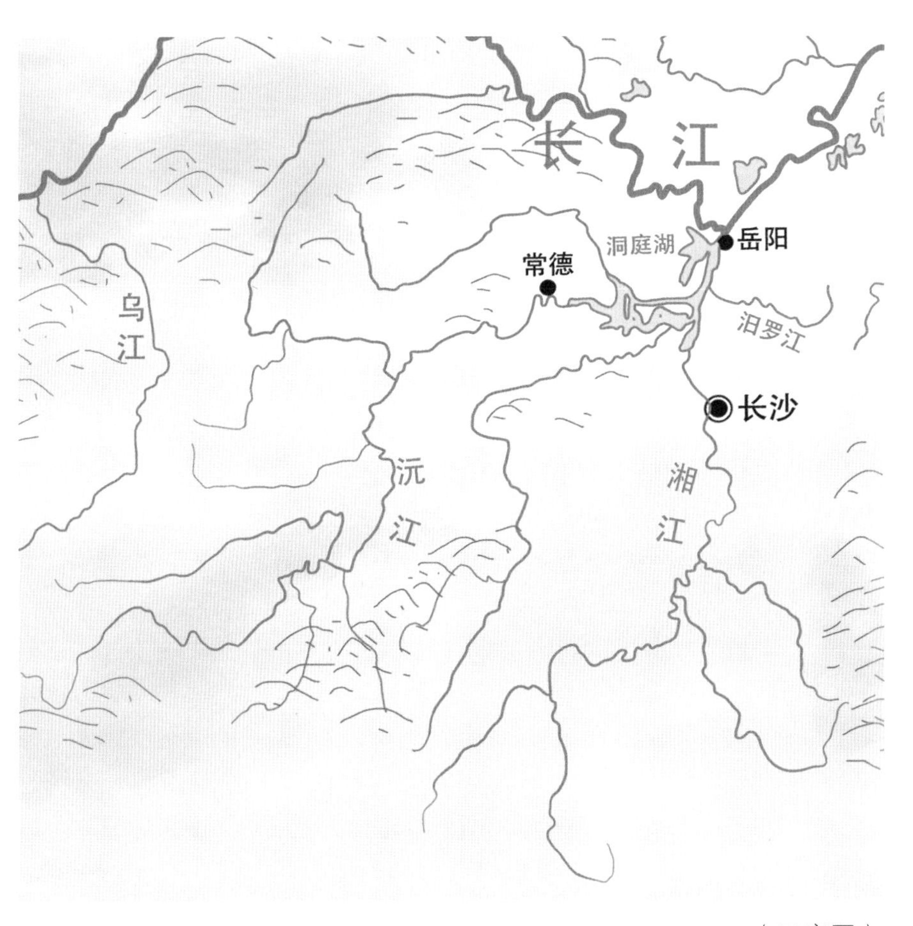

（示意图）

湘江北去，橘子洲头

长沙就在湘江边，古时候也叫“临湘”，是长江中游的水陆交通枢纽。

橘子洲是江心的一大片冲积沙洲，西望岳麓山，东临长沙城。它是西晋才形成的，北宋科学家沈括在《梦溪笔谈》里提到了“潇湘八景”，其中“江天暮雪”就是这里深冬的景致。而现在，它的名气是由于节庆时盛大的烟花。

岳麓书院坐落在湘江西岸，始建于北宋，同河南商丘的应天书院、江西庐山的白鹿洞书院、湖南衡阳的石鼓书院（也有说法是河南登封的嵩阳书院）并称“四大书院”，是世界上历史最悠久的高等学府之一。

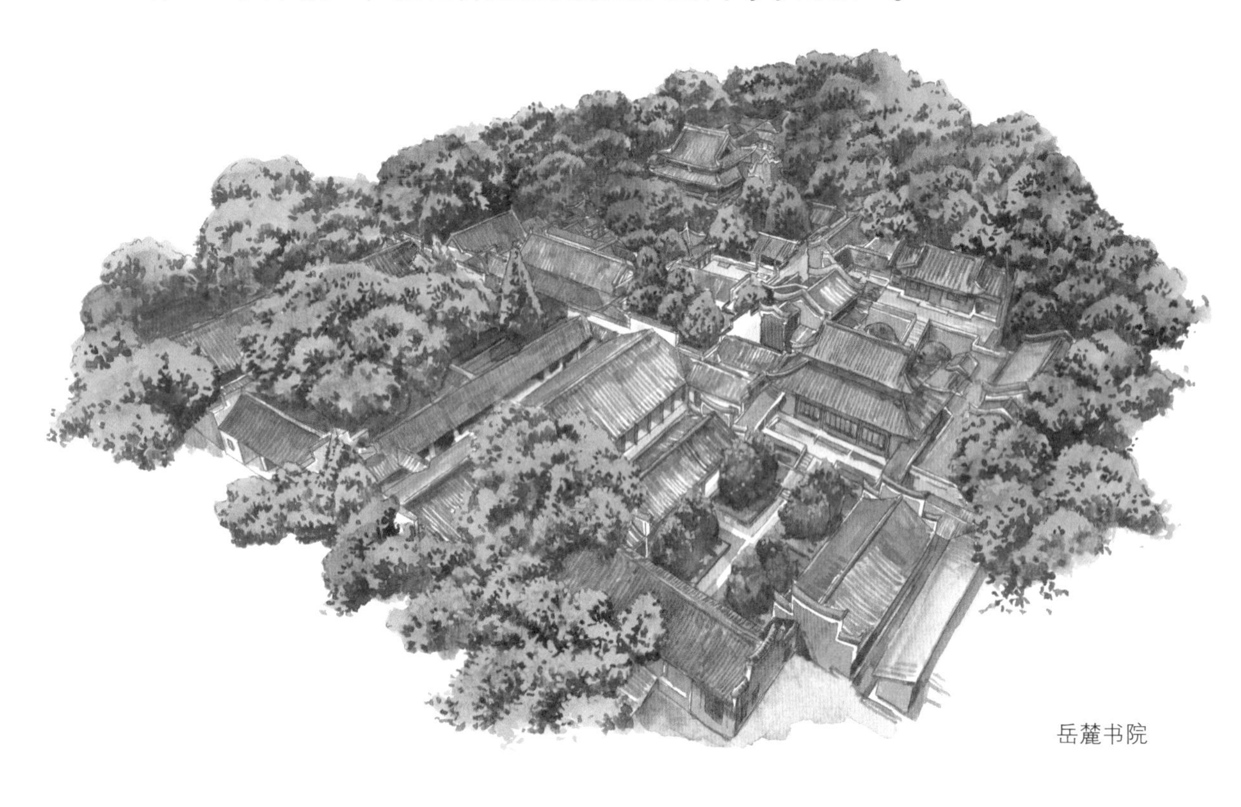

岳麓书院

潇湘传说

湘江有条支流叫潇水，发源于九嶷（yí）山，所以大家用“潇湘”指代湖南全省。刘禹锡就写过一首《潇湘神·斑竹枝》：“斑竹枝，斑竹枝，泪痕点点寄相思。楚客欲听瑶瑟怨，潇湘深夜月明时。”

这里面藏着一个悲伤的故事——

上古时期，尧帝有娥皇、女英两个女儿，都嫁给了舜帝。舜帝晚年南巡，在一个叫苍梧的地方突然病故，下葬于九嶷山。娥皇、女英听说了舜帝的死讯后，赶紧前来哀悼，一路痛哭流涕，泪水滴到竹子上，留下了斑斑血痕。这种“斑竹”就成了洞庭湖一带的特产，又叫“湘妃竹”，可以做扇骨之类的工艺品，很受文人推崇。

李白在《远别离》里，也感叹她们对舜帝生死不渝的真情：“帝子泣兮绿云间，随风波兮去无还。恸（tòng）哭兮远望，见苍梧之深山。苍梧山崩湘水绝，竹上之泪乃可灭。”

水上高速公路

灵渠位于广西兴安，是世界上最古老的运河之一，把湘江和漓江连在一块儿，贯通了长江和珠江两大水系。

漓江是西江（珠江上游干流）支流桂江上游河段的通称，“甲天下”的桂林山水就在它的流域内。

灵渠是秦始皇下令修造的。灭掉六国以后，他想要征服岭南，却遇到了当地越人的强烈抵抗，而且那里离中原实在太远，运输粮草成了大问题。

所以，秦始皇二十八年（公元前219年），史禄领命凿通湘、漓二水，五年后完工。借助灵渠，秦军的兵员和后勤补给源源不断，很快就把岭南收入版图。

两千多年里，灵渠是连接中原和岭南的“水上高速公路”。隋唐大运河开通以后，岭南的商船可以直达长安城。“海上丝绸之路”关键节点合浦的稀奇货物，像珍珠、香料等，要想卖到中原，也得走这里。

灵渠还被列入世界灌溉工程遗产名录，因为它，兴安成了远近闻名的“粮仓”。

汉江又叫汉水、沔（miǎn）水、沧浪水、褒水、夏水等，全长约 1577 千米，是长江众多支流中最长的一条，流域面积仅次于嘉陵江。

它发源于陕西省境内的秦岭南麓，在武汉市汉口龙王庙注入长江，支流还延伸到甘肃、四川、重庆、河南等省市，仿佛一条柔软的水链，牵起了长江和黄河的手，也连接起广阔的南北大地。

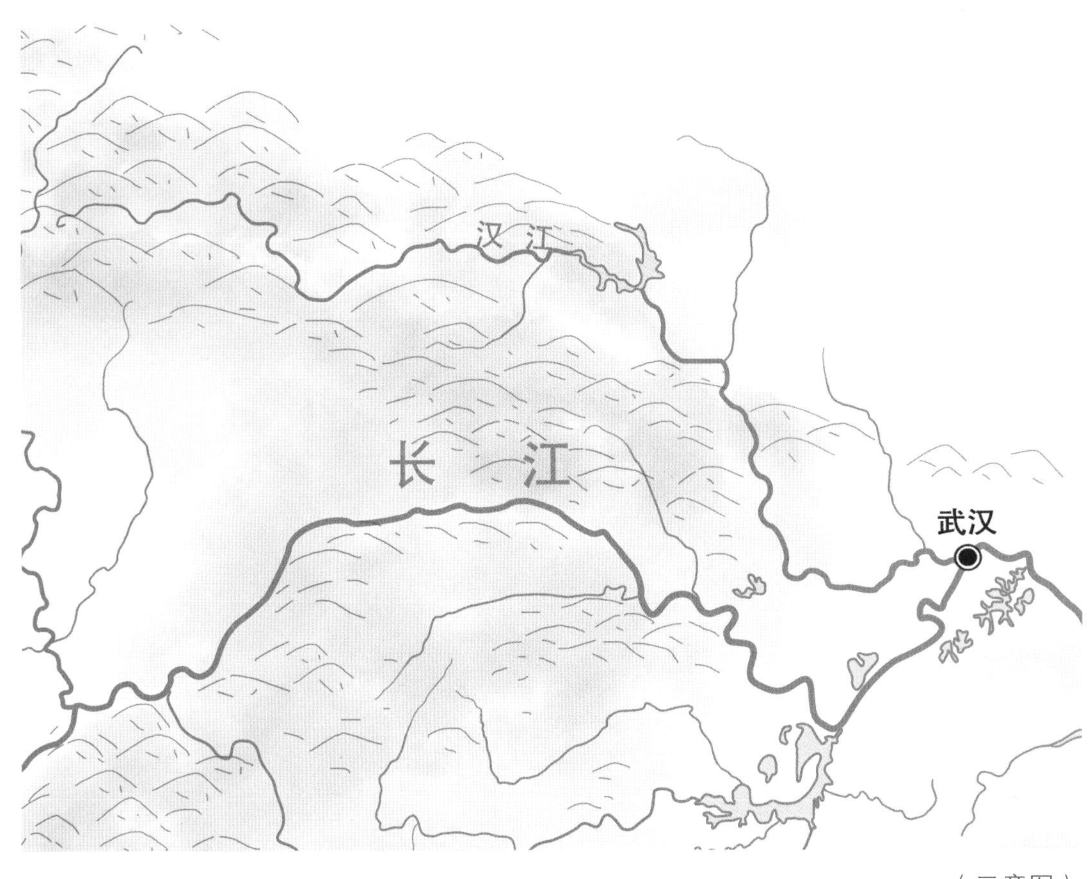

（示意图）

汉江是长江的干流吗？

汉江中游相当广阔，河道在洪水期可以达到3000米宽，而长江中游河道只有800~1200米宽，完全被比下去了。

所以三四千年前，生活在云梦泽一带的人们认为，这么壮观的汉水，应该是长江的干流，《诗经》里也说“滔滔江汉”。直到三国，东吴还有不少人以为长江的上游是汉水。

先秦时期，汉江流域就是华夏文明的核心区之一。秦朝末年群雄并起，刘邦当上了汉王，后来以汉中一带为基地，南征北战，建立了汉朝。我们今天所说的“汉族”“汉字”“汉语”等，都源自这里。

武汉三镇

湖北距离全国其他省份都很近，中间最多只隔两个省，这在全国可是独一份儿。水陆交通便利，对它来说是大大的“加分项”。

省会武汉别名“江城”，古时候也叫夏口。它由三足鼎立的武昌、汉口和汉阳组成，掌控着南北往来的交通咽喉，所以被称作“九省通衢”。

在晚清名臣曾国藩眼里，“论天下之大局，则武昌为必争之地”。将它握在手里，就“能扼金陵之上游，能固荆襄之门户，能通两广、四川之饷（xiǎng，军粮）道”。可见武汉的地理位置有多重要。

不过唐朝以前，史书上的“武昌”都是指湖北鄂州！它曾经当过东吴都城，“武昌鱼”（团头鲂）也是那里的特产。

屡屡重生的黄鹤楼

黄鹤楼可以算是武汉的“地标”。

它坐落在长江南岸的蛇山之巅，同北岸的龟山遥遥相对。两山之间，就是武汉长江大桥。

黄鹤楼始建于三国时期（公元223年），是东吴用来守城瞭望的“哨塔”，谈不上什么闲情逸致。随着天下安定统一，它才变成大家登高喝酒看风景的地方。

黄鹤不是会涅槃的凤凰，这座楼却一次次“浴火重生”——因战乱或意外毁于一旦，等天下太平了再拔地而起，比之前更华丽、更高耸入云。现在我们看到的黄鹤楼，是20世纪80年代落成的。

关于它的诗篇，简直数不胜数，最有名的大概是崔颢（hào）那首《黄鹤楼》：“昔人已乘黄鹤去，此地空余黄鹤楼。黄鹤一去不复返，白云千载空悠悠。晴川历历汉阳树，芳草萋萋鹦鹉洲。日暮乡关何处是？烟波江上使人愁。”

据说，“诗仙”李白看到这首诗，都甘拜下风，说：“眼前有景道不得，崔颢题诗在上头。”

黄鹤楼虽然没能在李白的诗里演一回主角，却当了好多次“最佳布景”。除了我们熟悉的《黄鹤楼送孟浩然之广陵》，还有这首《黄鹤楼闻笛》：“一为迁客去长沙，西望长安不见家。黄鹤楼中吹玉笛，江城五月落梅花。”

汉江是长江流域汛期结束最晚的支流。4 月下旬，春汛往往就开始了，而秋汛一直拖到 10 月上旬才结束。6 月下旬到 8 月上旬的夏汛期又常常跟长江洪水叠加，让大家提心吊胆。

丹江口水库是汉江上游和中游的分界点（中游和下游的分界点是湖北钟祥的碾盘山），也是“南水北调”中线工程的起点。

（示意图）

赤壁到底在哪里?

赤壁之战的故事，我们都挺熟悉——

东汉建安十三年（公元208年），曹操平定了北方，兵锋南指，想要夺取荆州，进而一统天下。由于诸葛亮和鲁肃的促成，刘备和孙权结盟，合力对抗曹操。

曹操在乌林遭遇了东吴将领黄盖的火攻，然后被周瑜率领的大军抓住机会穷追猛打，损失惨重。

这一仗以后，曹操对南方有心无力，孙权和刘备两股势力总算站稳脚跟，“三足鼎立”的局面出现了。

赤壁之战，是无数文人墨客偏爱的题材。

李白就写道：“二龙争战决雌雄，赤壁楼船扫地空。烈火张天照云海，周瑜于此破曹公。”

杜牧的《赤壁》也传诵千古：“折戟沉沙铁未销，自将磨洗认前朝。东风不与周郎便，铜雀春深锁二乔。”

到了北宋，苏东坡被贬黄州（现在的湖北黄冈），不止一次去这里的赤壁凭吊游玩，留下了《念奴娇·赤壁怀古》和前后《赤壁赋》等名篇。

然而，让他浮想联翩的“赤壁”果真是历史上的古战场吗?

赤壁到底在哪里，说法一大堆：湖北钟祥、武汉市江夏区的赤矶山、咸宁市下辖的蒲圻（pú qí）……

蒲圻的可能性比较大，所以“赤壁市”的名字给了它。

黄州赤壁位于江北，而史书记载，孙刘联军是在江南击败曹操的，苏东坡“张冠李戴”了。

不过，他发思古之幽情的黄州赤壁现在被称作“文赤壁”，和蒲圻“武赤壁”交相辉映。

南水北调

中国的水资源分布很不平均。长江流域和更南边的水资源量占了全国河川径流的80%以上；黄淮海流域总人口是全国的三分之一还多，水资源量却只占了不到10%，按照人均水资源量计算，比有着大片沙漠的西北还要“渴”。

这么大的缺口怎么填上？许多华北城市只能超采地下水，结果搞得河湖泉眼干涸、地面沉降甚至塌陷、海水入侵。

所以，国家建设了“南水北调”工程，好让大家尽量喝上靠谱的水，也免得经济发展被水“卡脖子”。

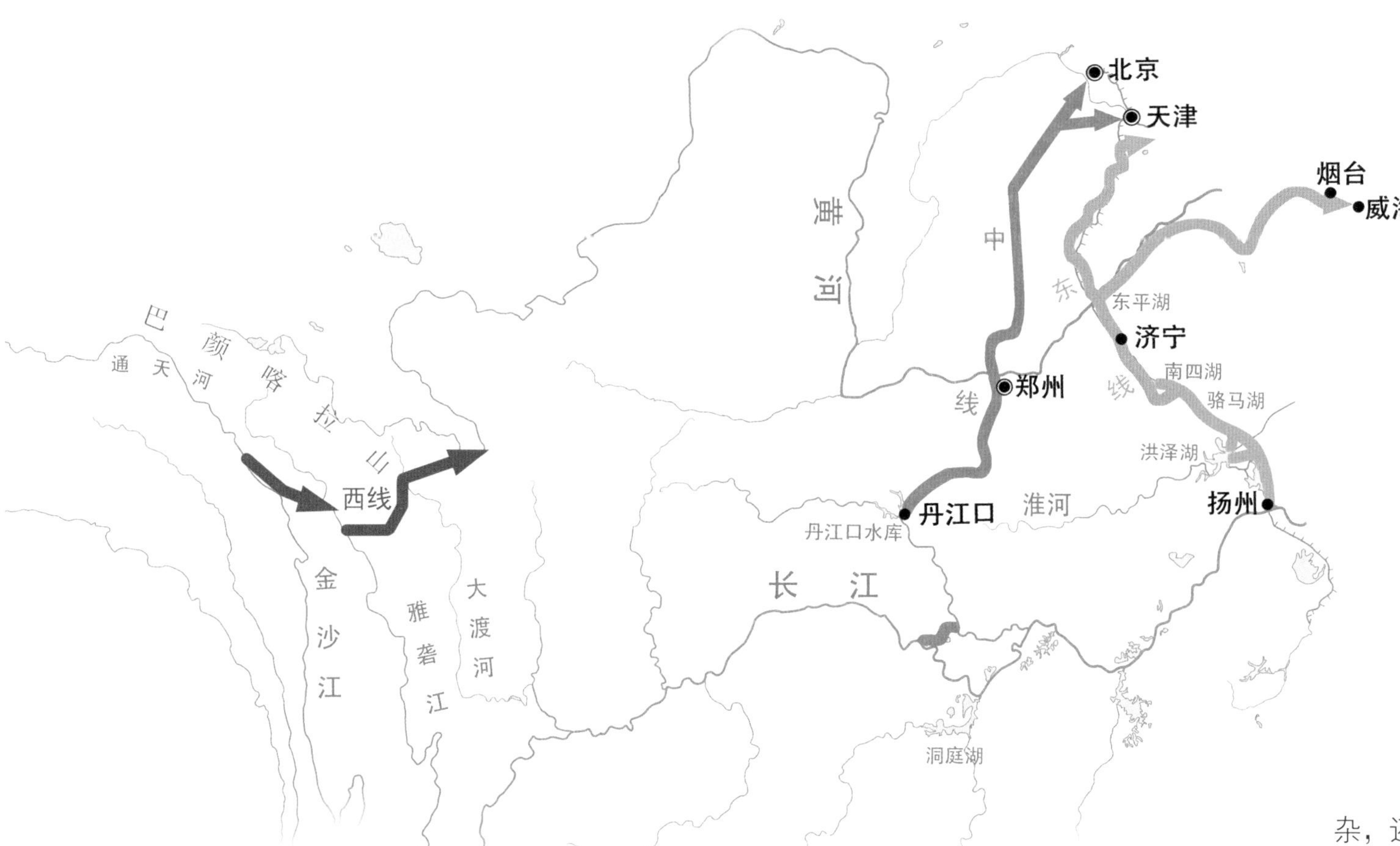

“南水北调”工程示意图

工程共分三条线——

东线全长1785千米，主要走京杭大运河。从扬州将长江水抽上来，一级级北送，南北串联的洪泽湖、骆马湖、南四湖、东平湖成了天然的调蓄水库。

然后，它“兵分两路”：一路向北，经隧洞穿过黄河，前往天津；另一路向东，抵达烟台、威海。

中线全长1427千米，从丹江口水库出发，沿线开挖渠道，在郑州以西穿过黄河，顺着京广铁路西侧北上，基本可以自流到北京、天津。

西线准备在通天河、雅砻江和大渡河上游筑坝建库，开凿穿过巴颜喀拉山（长江和黄河流域分水岭）的输水隧洞，将长江水调去黄河上游。

东线和中线一期工程都已经通水了，西线因为情况太复杂，还在规划当中。

整个华北地区有500多万人不用再喝高氟水和苦咸水了，因“南水北调”而受益的大中城市有40多座。

赣（gàn）**江**是鄱阳湖“五水”之首，自南向北纵贯江西，全长约 766 千米，最终在九江市吴城镇注入鄱阳湖，是江西省的母亲河。

它的西源叫章水，出自广东、江西交界处的大庾（yǔ）岭；东源叫贡水，出自武夷山区。它们汇合以后，名字也做了个“加法”，江西省的简称“赣”可能就是这么来的。

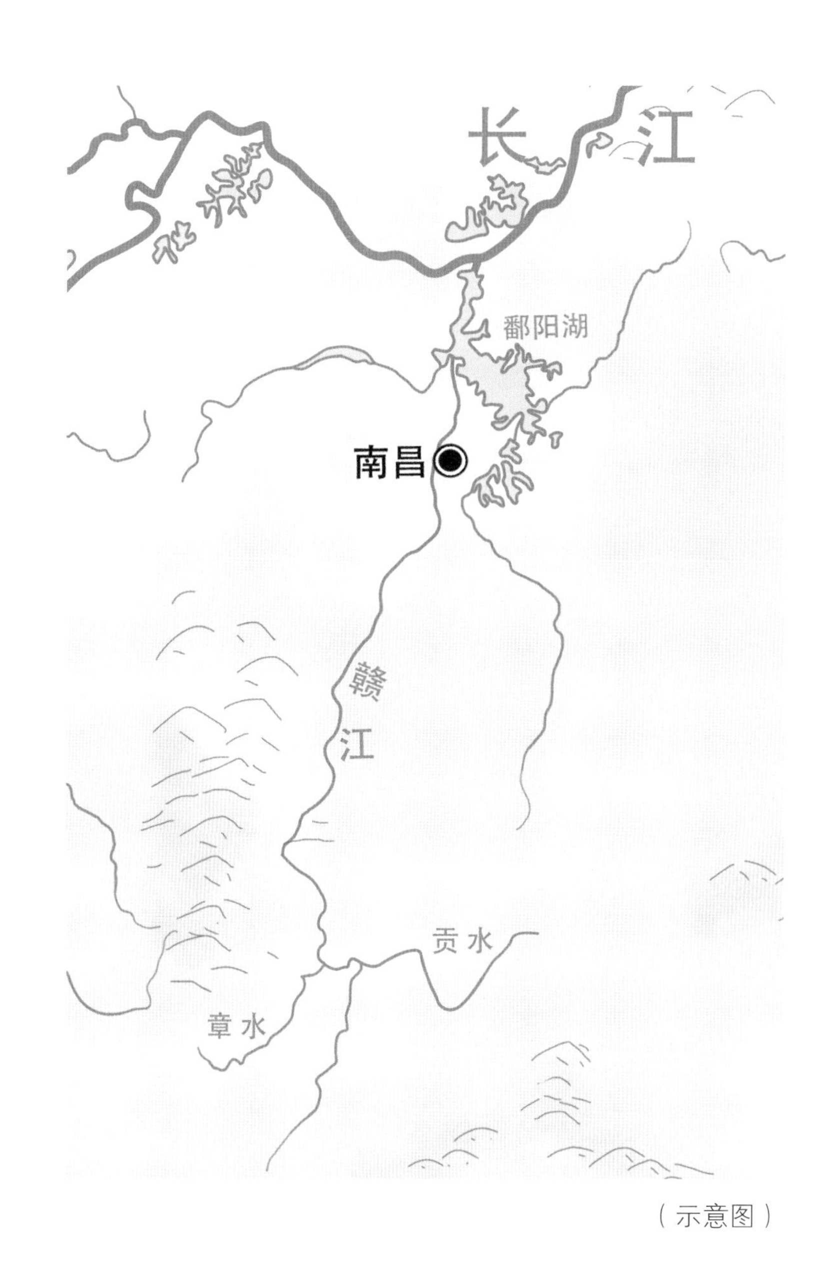

（示意图）

中国第一大淡水湖

鄱阳湖是中国第一大淡水湖、第二大湖（仅次于青海湖），古时候又叫“彭蠡（lǐ）”或“彭泽”。它以永修松门山（也有说法是婴子口）为界，分成南北两部分。南边是主湖区，更宽、更浅，形成也更晚；北边是入江水道，更窄、更深，形成也更早。

鄱阳湖是个典型的吞吐型、季节性湖泊，洪水期面积超过4000平方千米，枯水期则缩到500平方千米左右，真是“冬季一条线、夏季一大片”。

跟洞庭湖差不多，西汉时期，这里也是一片河网密布的沼泽平原，现在的湖盆中心还曾经设立鄡（qiāo）阳县。

5世纪20年代以后，湖盆出现了自北向南的断裂下沉，水面越来越宽广，唐朝初年已经能看到“落霞与孤鹜（wù）齐飞，秋水共长天一色”的开阔风光。在宋朝，原先湖边的山峰都变成了小岛。

目前，鄱阳湖也面临着泥沙淤积、围湖造田的问题，水位变浅了，湖面不断萎缩。不过，洞庭湖的“缩水”趋势更严重，所以鄱阳湖暂时还能坐稳“头把交椅”。

保存完好的海昏侯墓

这几年一直“抓人眼球”的海昏侯刘贺墓位于江西省南昌市新建区，就在鄱阳湖附近。

目前，它是我国发现的面积最大、保存最好、内涵最丰富的汉代列侯等级墓葬。出土了超过10000件文物，带给我们无数惊喜：失传两千多年的儒家经典、光彩熠熠的裹（niǎo）蹏（tí）金和麟趾金、华美肃杀的玉具剑、精工细作的青铜错金银当卢（马额头上的装饰）、可能最早的孔子画像……

出土文物

它之所以没有被盗，一个重要原因是东晋大兴二年（公元318年）发生了地震，鄡阳、海昏等县都沉进湖中，地下水上涌，淹没了墓室。缺氧的环境让微生物“退避三舍”，当时也不具备水下盗墓的技术条件，所以大批令人惊叹的珍宝才相对完好地保存到今天。

鎏金青铜编纽钟

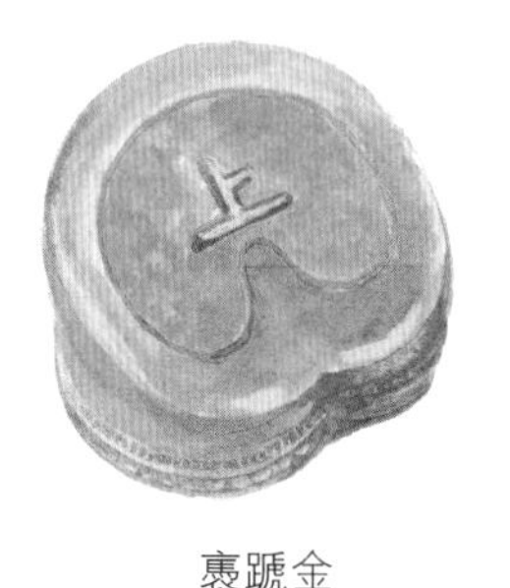

裹蹏金

五铢钱

滕王阁与《滕王阁序》

江西南昌的滕王阁与前面提到的岳阳楼、黄鹤楼并称“江南三大名楼”。

滕王阁最初是唐太宗李世民的弟弟滕王李元婴修建的。一千多年里，它屡毁屡建达29次之多，现在我们看到的这座，同样是20世纪80年代落成的。

历史上雕梁画栋的楼阁不知曾经有多少，然而都无声地在时光里化为灰烬。“江南

三大名楼”着实幸运，一直被世人惦记，至今依然光彩照人。不得不说，是千古流传的诗文佳句为它们加了分。滕王阁因王勃的《滕王阁序》而举世闻名。

王勃写《滕王阁序》是在唐高宗上元二年（公元675年），洪州都督阎公重修它的时候。

传说，阎公本来想让自己的女婿露个脸，让他提前精心准备一篇序文，到时候装成即兴创作，好“显摆”才思敏捷。

在宴席上，当阎公邀请宾客撰文时，别人都明白他的用意，纷纷推让。没想到，二十来岁的王勃“不知深浅”地接下这个任务，打乱了他的计划。

阎公一开始很扫兴，可是，读了王勃的作品后，他惊叹道：“此真天才，当垂不朽矣！”

《滕王阁序》全文773个字，引用了40多个典故，包含40个成语，例如襟江带湖、物华天宝、人杰地灵、高朋满座，等等，真让人拍案叫绝。你觉得哪几句写得好，是“天高地迥，觉宇宙之无穷；兴尽悲来，识盈虚之有数”还是“老当益壮，宁移白首之心；穷且益坚，不坠青云之志”？

现在，滕王阁成了热门旅游景点，据说景区有一个活动，如果能现场背诵《滕王阁序》，就可以免费游览！怎么样，要不要摩拳擦掌试一试？

和赣江一起注入鄱阳湖的，还有抚河、信江、饶（ráo）河、修水。它们汇聚了无数条更小的支流，流域面积都超过1万平方千米，并称“**鄱阳湖五水**”。

江西省三面环山，地势四周高中间低，发源于山区的众多河流自然会逐渐“扎堆”，被鄱阳湖吸纳以后融入长江，终归大海。

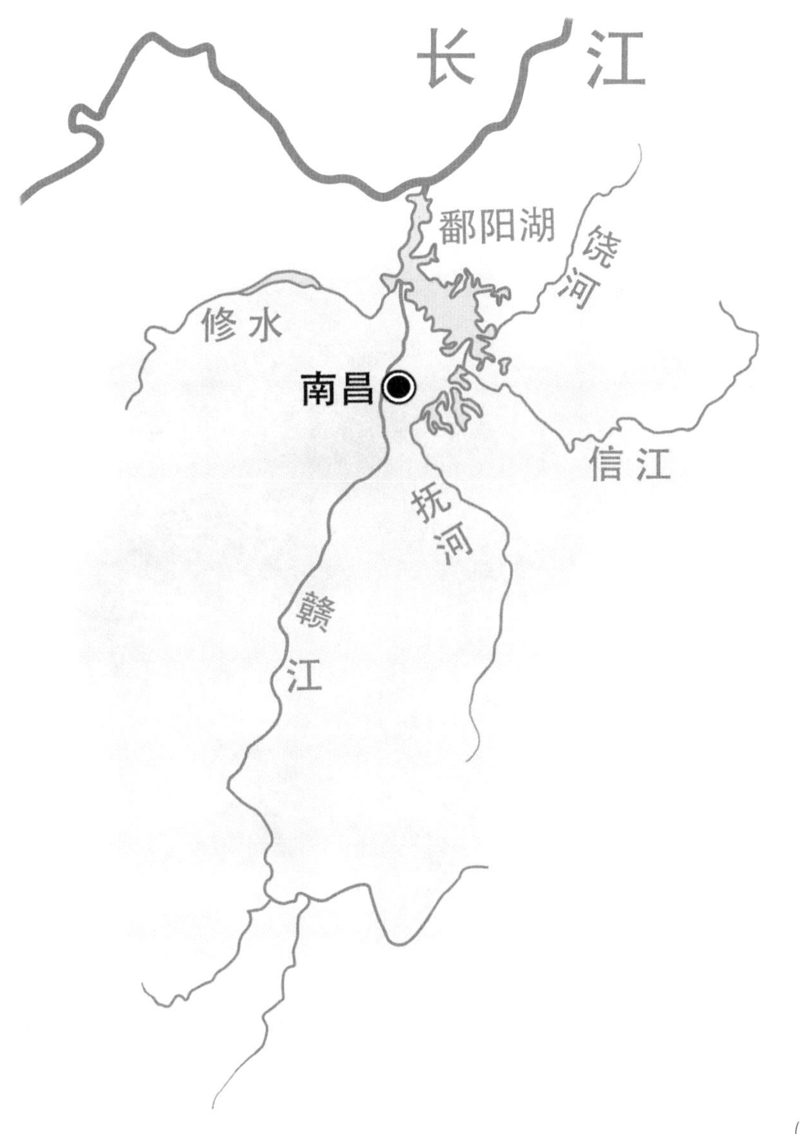

（示意图）

“瓷都”景德镇

“瓷都”景德镇，就在鄱阳湖东岸。它之所以能发展起来，跟水网密集、交通便利有直接关系：必不可少的瓷土需要从江西婺（wù）源、安徽祁门等地运进来，精美绝伦的成品也需要送出去。

按照明朝科学家宋应星在《天工开物》里的说法，经过72道工序，才能生产出一件瓷器——从加工瓷土、造好瓷坯、调制颜料，到画出图案、上透明釉、入窑点火，环环相扣，出不得一点差错。稍有不慎，前面的功夫就全白费了。

我们熟悉的“海上丝绸之路”，其实也是“瓷器之路”。明清时期，漂洋过海前往西方的瓷器可能超过1.5亿件，有蓝白两色的青花，也有更加绚丽的釉里红、五彩等，其中相当一部分是从景德镇“走出去”的。

瓷器最兴盛的时候，全镇简直成了一个巨大的手工作坊，“万杵之声殷地，火光烛天”，意思是整个镇的人都在用杵捶打瓷土，响声震地，窑场火光冲天，所以景德镇得了个外号——四时雷电镇。

横看成岭侧成峰

庐山位于江西省九江市，南临鄱阳湖，北靠长江，不光景色让人向往，也是军事要地。前面提到过的白鹿洞书院，就在庐山五老峰南边。

白居易在《庐山草堂记》里下了结论：“匡庐奇秀，甲天下山”。另外两首赞美庐山的诗，我们可能更熟悉——

李白的《望庐山瀑布》：“日照香炉生紫烟，遥看瀑布挂前川。飞流直下三千尺，疑是银河落九天。”

苏轼的《题西林壁》：“横看成岭侧成峰，远近高低各不同。不识庐山真面目，只缘身在此山中。”

历史事件的大舞台

九江位于赣、鄂、皖三省交会地带，又叫柴桑、浔阳、江州等，是不少历史事件的舞台——

汉末三国，周瑜曾在柴桑演练水军，“诸葛亮舌战群儒”“群英会蒋干中计”“柴桑口卧龙吊孝”等名场面，都是在这里上演的。

到了唐朝，白居易被贬为江州司马，在这里写下了传诵千年的《琵琶行》：“浔阳江头夜送客，枫叶荻花秋瑟瑟……”

建都南京的政权，通常会在九江驻扎重兵，一方面将它当作拱卫首都的西面屏障，另一方面通过它跟湖北地区保持联系、掌控长江中游。

江湖的锁钥

坐落在九江东面的湖口，也是著名的古战场。中学语文课本里有篇《石钟山记》，描绘的正是这附近的风光。

湖口掌控着鄱阳湖跟长江之间的交通要道，所以被称作“江湖之锁钥”。曾国藩分析形势时说过，古往今来，湖口对战局的关键程度和武汉不相上下。

流过鄱阳湖湖口，长江便开启了**下游**的旅程，跨越安徽、江苏两省和上海市，汇入东海。

长江干流在宿松进入安徽省境内，由西南向东北斜贯安庆、池州、铜陵、芜湖、马鞍山 5 个市，至和县乌江附近流入江苏省。

这一段的长度大约是 416 千米，所以叫“**八百里皖江**”。两岸支流虽说没有太出名的，却相当密集，而且南北对称。

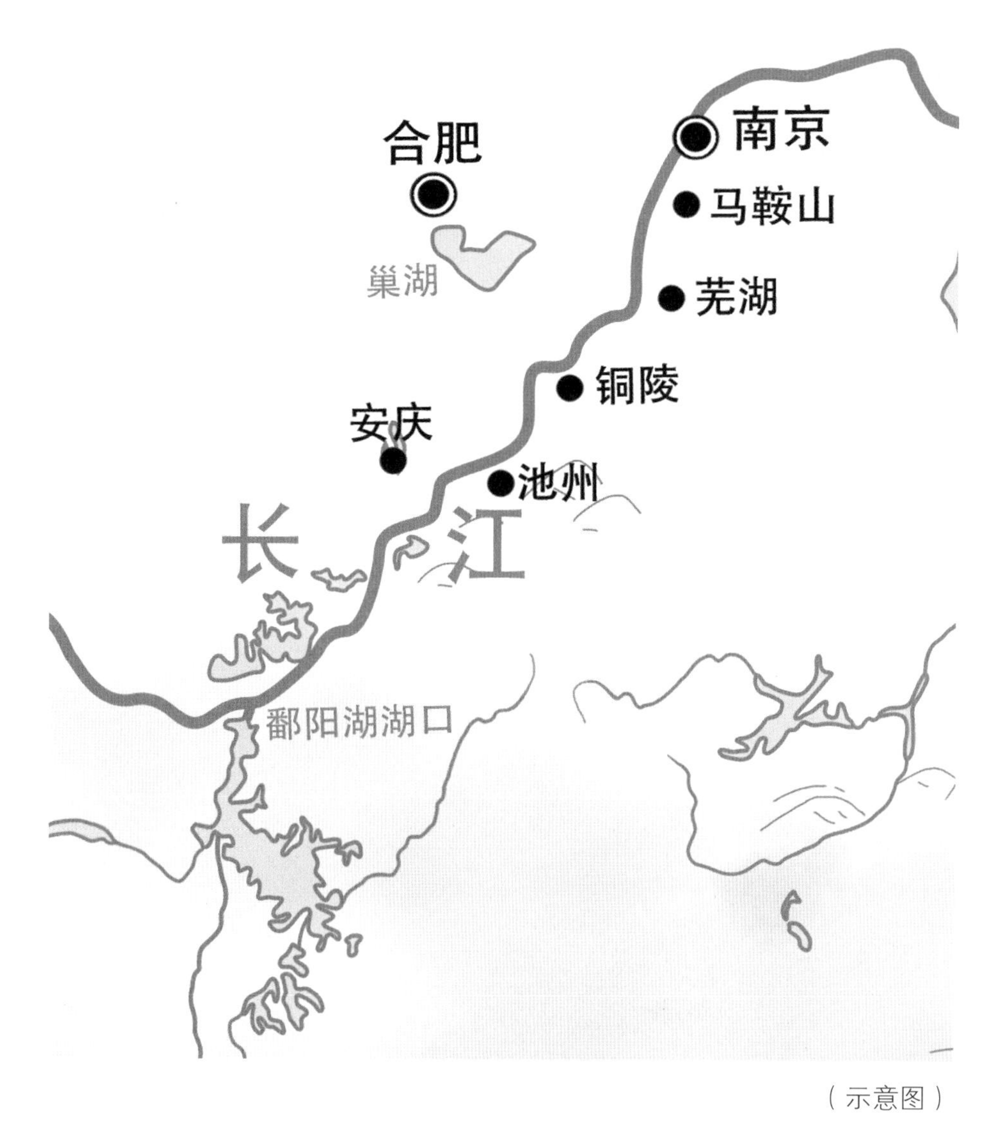

（示意图）

此乌江非彼乌江

公元前202年冬，西楚霸王项羽在垓下（位于安徽省灵璧县）被韩信指挥的汉军击败，陷入重围，四面楚歌，上演了“霸王别姬”的悲剧。

他率领最后二十八骑，一路血战，抵达了乌江边。乌江亭长（负责治安警卫的小官）划着船在那里等他，准备接应他过江，项羽却因“无颜见江东父老”而拒绝了，将珍爱的乌骓马送给亭长，又痛痛快快大杀一场，然后自刎而亡。

千年后，李清照写诗慨叹：“生当作人杰，死亦为鬼雄。至今思项羽，不肯过江东。”

在今天的芜湖至南京一段，长江向东北斜流，所以安徽南部、江苏南部、浙江、上海、江西东北部又叫“江东”或“江左”。古人习惯以东为左，以西为右。

这里的乌江，和长江上游的乌江不是一回事！那条乌江流经贵州、重庆一带，著名的乌江榨菜就产自那儿。

安徽的乌江，据说是因为“地多黑壤”，把江水染了色，所以叫这个名字。

安庆与徽州

安徽，是“安庆府”和“徽州府”各取一字。

安庆又叫宜城，曾经当过安徽省省会，也是“中国五大剧种”之一黄梅戏（另四种是京剧、评剧、豫剧、越剧）的发源地和传承地。《天仙配》《女驸马》唱遍了大江南北，你没准儿还跟着家长听过呢。

清代文坛上最大的散文流派“桐城派”就出自安庆境内的桐城市，由方苞、姚鼐等人创立，中学语文课本里那篇经典的《登泰山记》就是姚鼐的代表作。

徽州，古称“歙（shè）州”“新安”，位于现在的黄山市一带。它地处“吴头楚尾”，山多田少，光靠种粮食是吃不饱肚子的。但这里林木繁茂，盛产茶叶，于是很多人由茶叶和木材起家，去做生意，这就有了名头响亮的徽商。

徽商跟广东的潮商、山西的晋商、浙江的甬商并称“四大商帮”。

佛教圣地九华山

池州的九华山，是中国佛教“四大名山”之一（另三座是山西五台山、浙江普陀山、四川峨眉山），地藏王菩萨的道场。

九华山据说有99座山峰，其中十王峰、天台峰、莲华峰等9座格外高耸入云。李白曾经三次游历这里，留下了“昔在九江上，遥望九华峰。天河挂绿水，秀出九芙蓉”的诗句。王安石也说它“楚越千万山，雄奇此山兼”。

不一样的徽商

徽商有一种独特的文化气质。徽州人经商、做学问两不误，很多商贾都饱读诗书，经营文房四宝，还有半道参加科举考试高中的。所以，徽商也被誉为“儒商”。

他们的生意做到全国各地，和亲人聚少离多是常态，成年以后待在故乡的时间加起来，可能也就短短三四年。因此事业有成以后，他们会不遗余力地大兴土木。现在的歙县、黟（yì）县一带能看到很多保存完好的牌坊、祠堂和“黛瓦粉壁马头墙”的徽派民居，它们并称“徽州古建三绝”。

富甲一方的扬州盐商，许多来自徽州。不管是扬州的精致园林，还是四大徽班的红极一时，都离不开他们的重金投入。

1790年，为了庆祝乾隆八十大寿，活跃在扬州的三庆、四喜、春台、和春这“四大徽班”陆续进京，跟来自湖北的汉调艺人合作，还吸收了昆曲、秦腔的部分剧目、曲调和表演方法，博采众长，通过不断交流与融合，最终打造出了“国粹”京剧。

长江下游干流全长938千米，以江苏常熟徐六泾（jīng）为界，可以分成两段：上段河道宽窄相间，有许多洲滩和汊道；下段就是河口段，江面宽阔，水流缓慢。

长江下游流域面积大概有12万平方千米，地势低平，是全国水网最密集的地区之一。我国五大淡水湖中的巢湖和太湖都在这一区域。

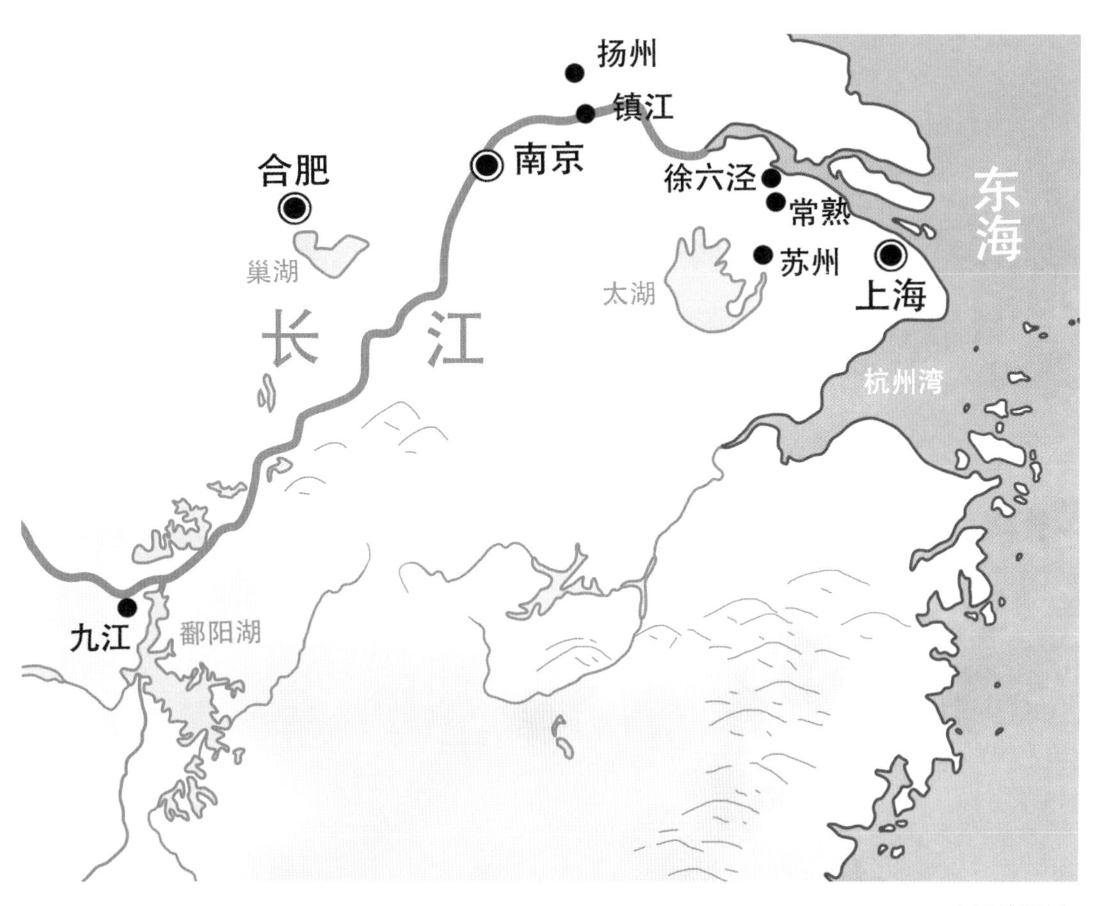

（示意图）

六朝古都

南京有很多名字：金陵、秣（mò）陵、建业、建康、江宁、白下……

它的地理位置得天独厚：西边是长江，北边是玄武湖，南边是秦淮河，东边是青溪（发源于钟山西南坡，今天已经看不到了），四周的水系称得上天然的“护城河”。城外还有幕府山、鸡笼山、聚宝山等一系列山头，也可以充当屏障。

史书记载，诸葛亮称赞这里“钟山龙蟠，石头虎踞，真帝王之宅也”（石头城是东吴第一军事要塞）。东晋名臣王导也说：“经营四方，此为根本”。

英雄所见略同，于是南京成了“六朝古都”——东吴、东晋、南朝宋、齐、梁、陈。

这两首唐诗就像“时光碎片”，依稀可以照见南京城曾经的容颜。

一首是杜牧的《江南春》：“千里莺啼绿映红，水村山郭酒旗风。南朝四百八十寺，多少楼台烟雨中。”

另一首是韦庄的《台城》：“江雨霏霏江草齐，六朝如梦鸟空啼。无情最是台城柳，依旧烟笼十里堤。”

在南朝，特别是梁武帝萧衍（yǎn）统治时期，佛教非常兴盛，我们现在看到的鸡鸣寺就可以追溯到那时候。

台城，在东晋和南朝是台省（中央政府）和皇宫所在地。陈朝灭亡以后，隋文帝下旨将六朝宫城全部推平，改成农田。数百年后，刘禹锡眼中的景象就是“万户千门成野草”，曾经的“六朝金粉”，早就不见踪影了。

长江风大浪急，自古以来是分隔南北的天险，易守难攻。王朝如果建都东南，就必须守住长江。它算得上最后一道防线，要是来自北方的敌军逼近长江，就意味着南京城到了生死存亡关头。

这道“天堑（qiàn）”，不知拦下了多少想要一统江山的人。然而拥有了它，就能高枕无忧吗?

并不是！战争输赢主要取决于实力对比和人心向背，要是过于指望长江，就只能像刘禹锡在《西塞山怀古》里感叹的那样，“千寻铁锁沉江底，一片降幡出石头。”

与海洋的缘分

中国“四大古都”当中，跟海洋结下不解之缘的只有南京。

它既是军港又是商港，早在三国时期就“江道万里，通涉五州”。在东晋和南朝，数个清的船队从这里出发，大南海北都敢去，用丝绸、铜镜、青瓷之类交换琉璃、象牙、珍珠、珊瑚、香料、珍禽异兽。

梁元帝萧绎画的《职贡图》里，就有倭（wō，日本）国、百济（位于朝鲜半岛）、狼牙修（属于东南亚）、波斯（今伊朗）等十几个国家的使臣形象。当时的南京，是不折不扣的“国际化大都市”。

一千多年以后，郑和下西洋的宝船队，也正是从南京城西北边的龙江关扬帆起航的。

长江下游的支流都不算长，这是为什么呢？

因为那片地方离大海已经很近了，而且西高东低，河流直接入海也没问题，不需要到长江这里“扎堆”；

而且，长江下游几乎是一马平川，水流不容易汇集，所以支流比较短也比较分散。长江中上游就不一样了，地形差异大，主要支流“拥抱”了更多小河，因此水量大，流域面积也广。

六朝以后，南京还当过南唐和明朝早期的都城。

南唐营建金陵城时，最重要的规划是，把军事重地石头城和秦淮河两岸的繁华商业区、热闹居民区都包了进去。而之前的六朝都城里，几乎只能看到皇宫和官署。

南唐继承了六朝的御道，路面铺砖，两侧是排水边沟，种着槐、柳两种行道树。它一直沿用到今天，就是中华路。1500多年来，不管城市轮廓改动得多厉害，这条南北干道始终未变。

北宋名家王安石的《桂枝香·金陵怀古》抚今追昔，写尽了眼前风光和历史云烟：

“登临送目，正故国晚秋，天气初肃。千里澄江似练，翠峰如簇。归帆去棹（zhào）残阳里，背西风，酒旗斜矗。彩舟云淡，星河鹭起，画图难足。

念往昔，繁华竞逐，叹门外楼头，悲恨相续。千古凭高对此，漫嗟荣辱。六朝旧事随流水，但寒烟衰草凝绿。至今商女，时时犹唱，后庭遗曲。”

宋元时期，这段长江岸线大面积北移，流经石头城下的变成了秦淮河。

李白眼里“三山半落青天外，二水中分白鹭洲”的景致，慢慢消失了——沿江沙洲和陆地相连，原来江中低洼之处，形成了大大小小的新湖泊，如著名的莫愁湖。

明成祖朱棣出于镇守边塞的考虑，迁都北京。南京却依然是陪都，设置了完完整整一套“政府班子”。

而且，国家的经济重心已经转到了南方，南京户部统管的南直隶（大致相当

于现在的江苏、安徽和上海）、浙江、江西和湖广等省全是“纳税大户”，粮食产量和商业发展都可圈可点。

烟雨秦淮

秦淮河是长江支流，算得上南京的母亲河。它“路过”的桃叶渡、乌衣巷、凤凰台、赏心亭、媚香楼，都是诗词戏曲里的常客。

到了民国，朱自清也写了篇《桨声灯影里的秦淮河》，聊着它当年的无限韵致：“我们仿佛亲见那时华灯映水，画舫凌波的光景了。于是我们的船便成了历史的重载了。我们终于恍然秦淮河的船所以雅丽过于他处，而又有奇异的吸引力的，实在是许多历史的影象使然了。”

江南贡院

秦淮河北岸的江南贡院，是中国历史上规模最大、影响最广的科举考场。明清时期的官员，可能有一小半是打这里走出来的。

读书人要想通过科举当官，就得“过五关斩六将”。

最重要的考试有三次——

秀才如果乡试及第，就是举人；举人如果会试及第，就有了参加殿试的资格；北宋仁宗开始，殿试不淘汰谁，只排名次，大家都是进士，前三分别叫状元、榜眼、探花。

江南贡院，就是南直隶的乡试考场。鼎盛时期，它能容纳超过两万考生，比北京贡院大一倍还多。

吴越地区教育发达，清朝的状元有一半以上出自江南。

太湖有好多名字——古时候，它还叫震泽、五湖、笠泽等。

它位于长江中下游干流和杭州湾之间的三角地带，是中国第三大淡水湖，平水期面积约 2338 平方千米。

太湖中有 40 多座岛屿，将它装点得如诗如画，最有名的是东、西洞庭山。如果在古书上看到“洞庭”，指的可不一定是洞庭湖！

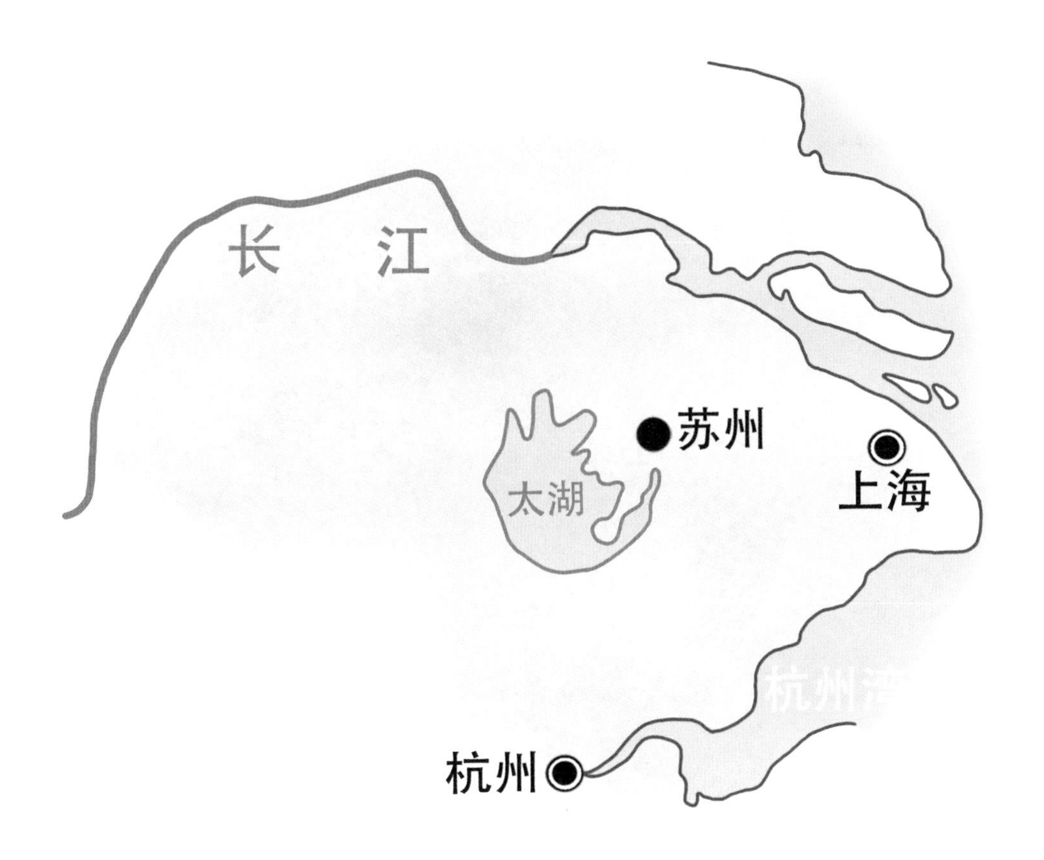

吴文化的母亲湖

太湖称得上吴文化的母亲湖。它周围主要有这几个城市：江苏省的苏州、无锡、常州和浙江省的湖州。湖州的名字，就是因太湖而来的。虽然根据现在的行政区划，它只分到了一丁点湖岸线，但是在历史上，可以说它和太湖同生共长。

陆游的文章里有这么句话，“苏常熟，天下足”。也就是说，太湖周边的“鱼米之乡”苏州、常州丰收了，大家才能不挨饿。这一带生产的粮食，算得上南宋小朝廷的命脉。

太湖带给我们的“宝贝”可真不少！

往水里看，河鲜有银鱼、白鱼、白虾这“三白”，还有鸡头米（芡实）。它们的本来味道就足够细嫩鲜美，如果是新打的，根本不用加太多调料，免得喧宾夺主。

再往岸上看，湖心岛出产的“碧螺春”绿茶、杨梅、枇杷、水蜜桃，都不知让多少人念念不忘。

可惜的是，太湖遭受过严重污染。2007年，蓝藻大面积暴发，湖面上就像铺了条厚厚的绿地毯，水完全不能喝了。

这种现象叫“水华”：含有大量氮、磷的污水进来以后，水体就富营养化了，各种藻类吃得饱饱的，大量繁衍。不管是生是死，它们都要消耗许多溶解氧，水里别的动植物就活活“憋死”了。

该怎么办？

尽量让蓝藻“断粮”！然而谈何容易……

太湖流域是全国人口最密集、经济最发达的地区之一，不管是农药化肥、工业废水、网箱养殖，还是渔船滴漏的柴油、生活排污，都够叫人头疼的。

所以必须“对症下药”——不光处理已经产生的污水，还要靠新技术、产业转型、大家自觉等，从源头上让污水越来越少。

这是项大工程，耐心和恒心缺一不可。我们能做的，就是平日里不浪费，还有拒绝含磷洗衣粉。

宜兴紫砂壶

宜兴也在太湖边，由无锡代管。这里出产的紫砂壶，可是鼎鼎大名。

紫砂壶出现于明朝，原材料是宜兴的紫泥、绿泥和红泥。它身上有很多细小的气孔，能将茶的色香味彻彻底底泡出来，所以格外受欢迎。

“天下第二泉”

无锡的惠山泉，号称“天下第二泉”。

唐朝“茶圣”陆羽亲自品尝了二十多种水，泉、井、溪流甚至瀑布都包括了，然后给它排了这个名次。“天下第一泉”到底是哪位，说法就多了，像北京的玉泉、济南的趵突泉、庐山的谷帘泉，然而“亚军”毫无争议。

盲人音乐家华彦钧（阿炳）的二胡名曲《二泉映月》，灵感也来自这里，写尽了他一生的悲苦。

哪一段长江，算是**河口**？

广义来说，安徽大通以下的 700 多千米都是“河口区”；狭义来说，只有江苏徐六泾以下的河段。

长江口的格局是“三级分汊入海”——

崇明岛把长江分成了两半；

南边一半，吴淞口以下被长兴岛和横沙岛分成了南、北两港；

南港又被九段沙分成了南、北两槽。

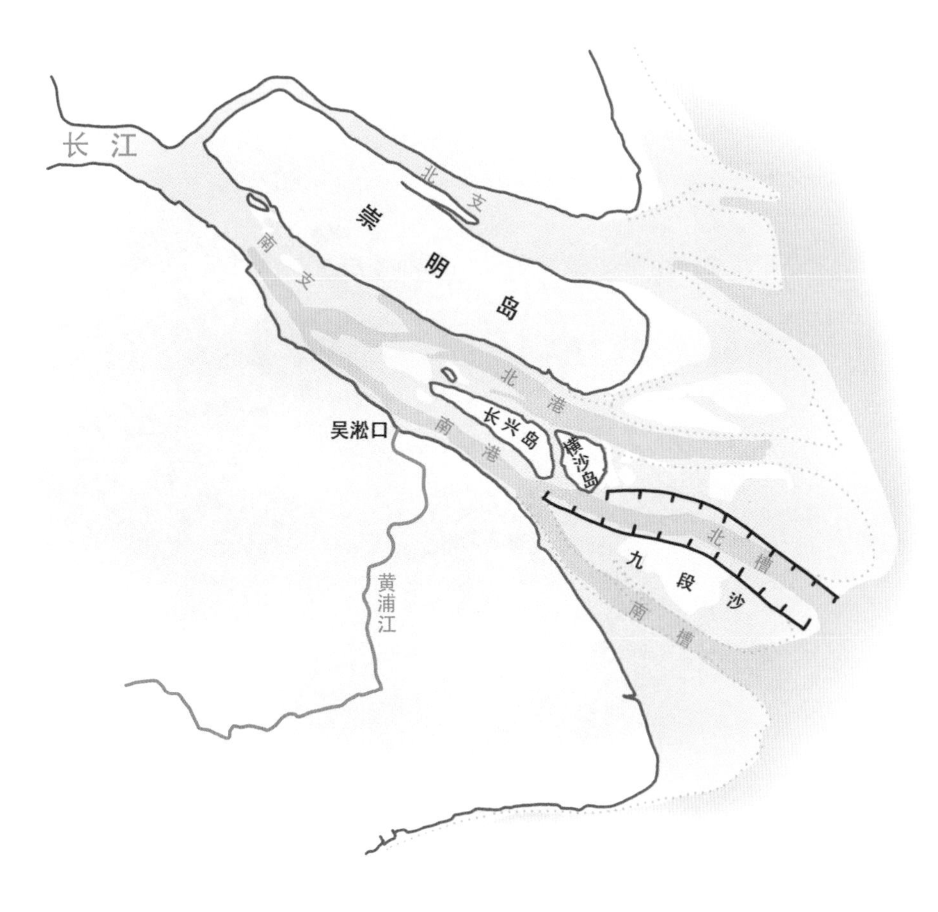

（示意图）

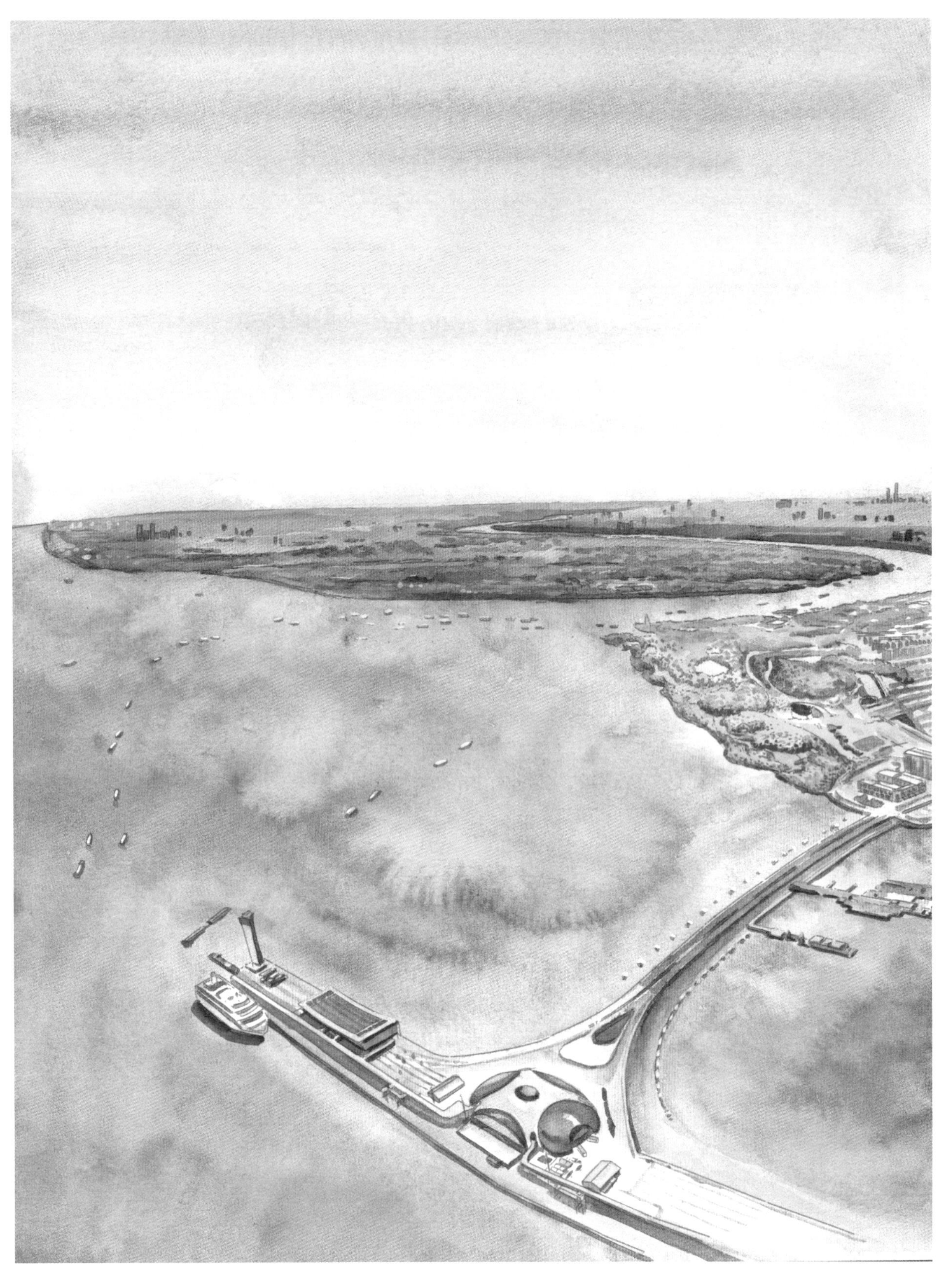

吴淞口是黄浦江（长江最后一条支流）、长江、东海交汇处，涨潮的时候，能看到“三夹水”的景观：最开始，青、黄、蓝三股水流界线分明，慢慢融到一块儿，就像斑斓的调色盘。

长江口为什么会变成现在这个样子？

长江口是陆海双相河口，注入大海的径流和受月亮影响的潮流不断“打架”，所以主流摆来摆去，河道分汊越来越多，看上去就和枝繁叶茂的大树一样复杂。

长江口原先像个漏斗，两三千年前的商周时期，湾顶在镇江、扬州一带，今天的上海还在水底睡大觉，直到9世纪，它才露出水面。

由于泥沙堆积，长江口不断往南“爬”，平均每40年推进1千米。崇明岛和北岸大陆终将连为一体，更年轻的小岛会顶上它的位置。

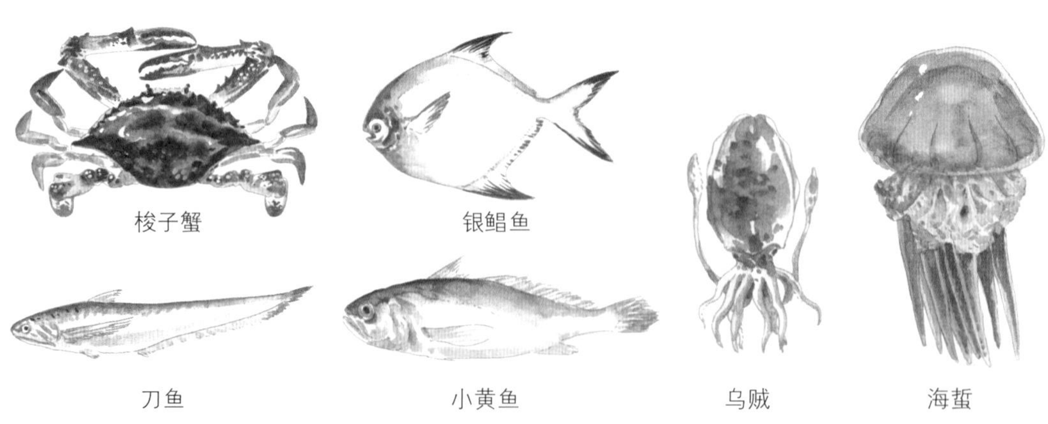

长江口是关键的渔场，能捞到小黄鱼、带鱼、银鲳鱼、海蜇、乌贼、梭子蟹……

世界上不少渔场位于河流入海口，这是为什么呢？

河水里的营养物质比海水更丰富，养活了不计其数的浮游生物。它们是鱼虾的饵料，鱼虾聚拢过来“吃大餐”时，就让渔民盯上了，真是“螳螂捕蝉、黄雀在后”呀！

上海的由来

古时候，上海是个无名的小村落，后来才有了名字：华亭、云间、茸城……

大概在南宋晚期，上海建镇，正式取名“上海”，成了人烟繁盛的港口集市。

吴淞江上大出风头的贸易港口，原先是被誉为“小杭州”的青龙镇（现在的旧青浦镇）。到12世纪末，吴淞江泥沙淤积，水位太浅，商船稍大一点就开不过去，所以青龙镇衰落了，位于下游的上海取而代之。

中国“四大名绣”有哪些？

江苏的苏绣、湖南的湘绣、广东的粤绣、四川的蜀绣是中国“四大名绣”。

明朝中后期，上海出现了“顾绣”。它由进士顾名世家的女眷们创造，是苏绣的“亲戚”，“四大名绣”都向它取了不少经。

顾家有座园林叫“露香园”，水蜜桃很出名，和豫园、日涉园并称“明朝上海三大名园”。所以，“顾绣”又叫“露香园绣”。

“顾绣”之所以受追捧，不光是因为刺绣技法出神入化。它最大的亮点之一是经常用古代名画当底本，却不会完全照抄，而是以针代笔，以线代墨，画绣结合，多了种别样的气质。

“顾绣”是不折不扣的艺术品，无论构图还是配色都特别合文人的胃口，也被称作“画绣”。

中西文化交流的先驱者徐光启

明朝中后期，上海还出了位大人物——徐光启。他积极学习和推广西方科技，参与翻译了《几何原本》和许多天文历法著作，编写了《农政全书》。

徐家汇就是为了纪念他，才改成这个名字。

长江上有哪些了不起的工程?

长江大桥知多少

长江一直是南方的水运中心，被誉为“黄金水道”。它横贯西南、华中、华东三大地区，干支流通航里程约7.1万千米，“织”出了中国最大的内河运输网。

长江那么宽，想从一边去另一边的话，要怎么办呢?

最开始，大家靠船或者筏子。可江面上风急浪高，划过去非常危险，如果人多（例如大军出征时），也不容易凑齐足够的交通工具。

船

筏子

后来，人们发明了浮桥——它通常是临时性的，让一大堆船头尾相连，就能从船上走过去了；或者在浮箱上铺木板，当成桥面。

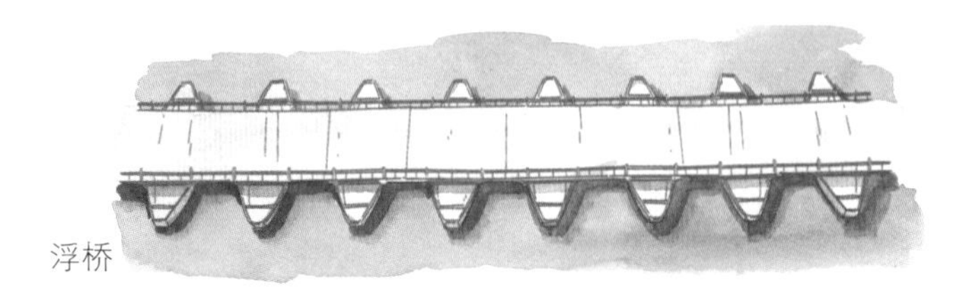
浮桥

新中国成立以前，长江上一座大桥都没有。

1957年10月15日，“万里长江第一桥”武汉长江大桥建成通车，让自古以来的“天堑”变成了“通途”。

武汉长江大桥

它由茅以升主持修建，是一座铁路公路两用桥，将京汉铁路和武广铁路连在一块儿。仅仅五年间，从它上面运过去的货物就有8000多万吨，节约的货运费用超过了整个工程造价。

1968年12月29日，南京长江大桥正式建成通车。它上层是公路桥，下层是双轨铁路桥，将津浦铁路和沪宁铁路连通了。

南京长江大桥

修建武汉长江大桥时有苏联专家帮忙，而南京长江大桥完全是由中国人自行设计和建造的，所以又叫“争气桥”。

如今，长江干流上已建和在建的大桥有100多座，金沙江上还有50多座。“一桥飞架南北，天堑变通途”，现在过江不知比以前方便快捷多少倍。

长江上的水电站

长江发起洪水来，跟黄河一样让人头疼!

长江流域基本属于亚热带季风气候区，降水集中在夏天，连着来上几场大暴雨，搞不好就要闹灾了。如果大堤决口，周边就会变成一片泽国，吞噬无数人的生命和家园。

所以，长江上建起了一座又一座水电站。它们的名字，你能数出来几个?

雅砻江上的二滩、大渡河上的龚嘴、乌江上的乌江渡、清江（湖北境内第二大支流）上的隔河岩、沅江上的五强溪；

金沙江下游的乌东德、白鹤滩、溪洛渡、向家坝，都是中国排名前五的水电站；

干流上还有三峡和葛洲坝。

葛洲坝

一方面，长江是中国水能资源最丰富的河流，干流和支流上水电站的发电量加起来，超过全国水电总量的一半；

另一方面，跟水电站配套的大坝和水库可以调蓄洪水，缓冲一下，免得两岸直接遭殃。

三峡工程

三峡大坝位于湖北省宜昌市境内的三斗坪，距离下游的葛洲坝水利枢纽工程38千米，形成了梯级电站。

它是世界上规模最大的水电站，总装机容量2250万千瓦，年发电量能达到甚至超过1000亿度，还承担着改善航运（水位抬高了，巨轮可以自上海直抵重庆，年单向通航能力由1000万吨提高到5000万吨）和抗旱等功能。

三峡工程到目前为止不光是中国最大的水利工程，还是最大的文物保护工程，在很短时间内集全国之力，保护了1128处文物。

白鹤梁

白鹤梁位于涪陵北边，东临长江跟乌江的汇合处。它是一块长约1600米、宽约15米的天然巨型石梁，上面有自唐朝起的170多处题刻，系统反映了枯水年份的水位变化规律，被联合国教科文组织称为“保存完好的世界唯一古代水文站”。

三峡大坝完工以后，白鹤梁会被彻底淹没。为了不失去它，在原址盖起了水下博物馆：造一个巨大的无压容器，灌满净化过滤以后的长江水，让内外水压实现平衡。游人可以坐扶梯下去，透过廊道上的玻璃窗，仔细欣赏。

三峡大坝五级船闸

三峡大坝上下游水位落差113米，相当于40层楼的高度，船只通航采用“大船爬楼梯，小船坐电梯”的方式。“楼梯”就是图中的双线五级船闸，它是目前世界第二大船闸。

有利就有弊，长江上的水利工程也面临着争议——

世世代代生活在库区的民众需要迁移，背井离乡，多则上百万（像三峡），少则几万、几十万；

考古工作者虽然尽力了，可实在时间紧、任务重，不少古代遗址没来得及抢救性发掘，就被淹没；

环境变了，有些珍贵物种的栖息地受到影响，比如说绿孔雀、洄游性鱼类（像中华鲟）；

……

长江文明的诞生

长江，同样是中华文明的摇篮。它同黄河一南一北，交相辉映。

目前，我国境内已经发现了70多处古人类化石点，而长江流域占了30多处，包括年代最早的——1985年在重庆发现的巫山人，距今200多万年。

长江流域还发现了属于直立人的建始人（湖北）、元谋人（云南）、郧县人（湖北）等；属于早期智人的长阳人（湖北）、桐梓人（贵州）等；属于晚期智人的资阳人（四川）、丽江人（云南）、穿洞人（贵州）等，几乎可以连成完整的发展序列。而且，长江流域的旧石器文化自成系统，明显和华北地区不一样。

公元前9000—前8000年，长江流域、华南地区、黄河流域都开始进入新石器时代。中华文明起源“满天星斗说”里提到的西南区、南方区、东南区，都同长江直接相关。

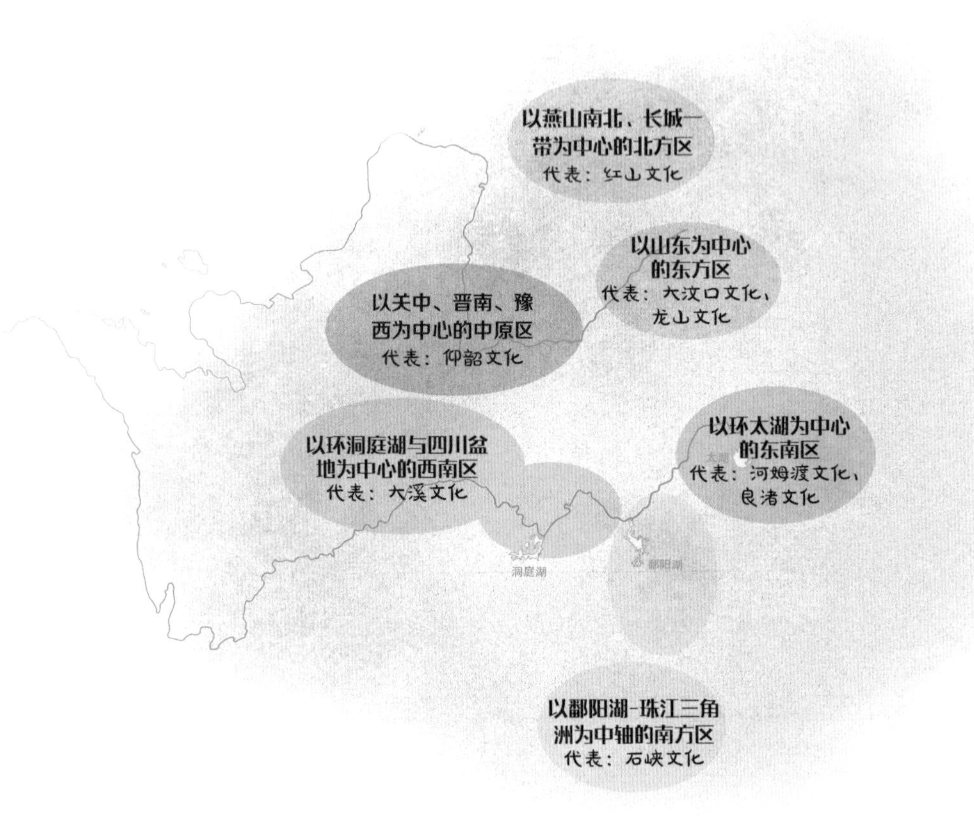

学术界已经公认，长江中游是人类稻作文明的发祥地。世界稻作文化正是由长江流域向环太平洋地区扩散的。

在江西万年的仙人洞和吊桶环、湖南道县的玉蟾岩、浙江浦江的上山等地，考古学家发现了一万多年前的栽培稻；在湖南澧（lǐ）县的城头山，又发现了八九千年前的栽培稻。

这粒看似不起眼的种子，养活了无数张嘴，进而改写了世界历史。《我的祖国》里就唱道：“一条大河波浪宽，风吹稻花香两岸……”

“干栏式”建筑

长江下游的河姆渡遗址距今约7000年，和黄河流域的半坡遗址“旗鼓相当”。不过，“南北差异”那时候已经挺明显了——跟黄河流域的半地穴式建筑不一样，河姆渡人住的是“干栏式”建筑，用大大小小的木桩把房屋架起来，在多雨的南方住起来就比较舒服。

经过马家浜（bāng）文化、崧（sōng）泽文化，环太湖地区终于发展出了良渚文化。

5000年前，良渚是中华大地上唯一的国家。它申遗成功，意味着五千年中华文明总算得到了“国际认证”。

良渚古城是一座有着宫殿区、内城、外城和外围水利系统四重结构的巨大都邑，也是整个良渚社会的中心。假设开采、运输和堆筑1立方米的土石各需要1人/天，哪怕每天出工1000人，修建这座古城，也得110年。

良渚的玉器精美绝伦，特别是璧和琮（cóng）。它们可能是祭祀天地时用的

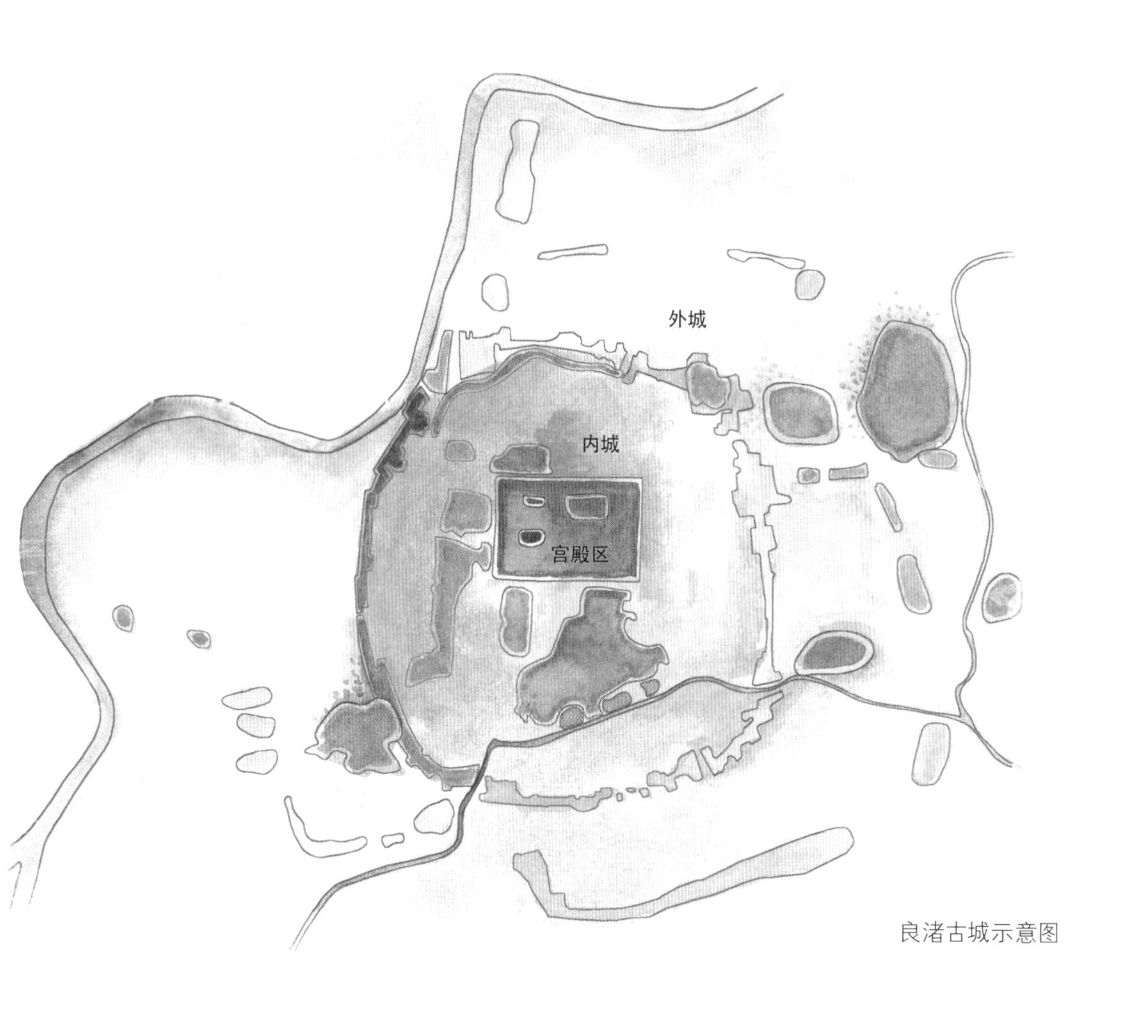

良渚古城示意图

礼器，上面经常刻着诡异的神人兽面纹，或许代表拥有神秘力量的巫师。

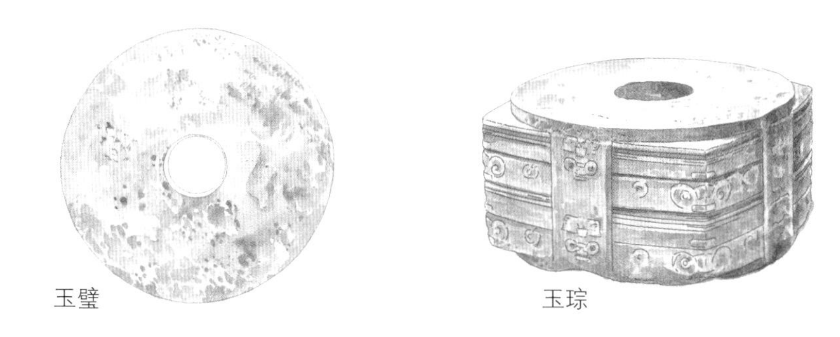
玉璧　　玉琮

长江中游也“不甘落后”，自新石器时代中期的彭头山文化、城背溪文化，到晚期的大溪文化、屈家岭文化，终于发展出了石家河文化。

石家河古城位于湖北天门，面积居然达到了100万平方米，是城子崖古城（黄河流域山东龙山文化的代表）的五倍。

那里的玉器造型神奇，有龇牙咧嘴的人脸，也有活灵活现的虎、蝉、凤，工艺比良渚和红山都厉害，代表着史前中国甚至东亚范围内的最高水平。

湖北武汉附近的盘龙城遗址一度是商王朝在南方的政治、军事中心。据说中兴之主武丁南征时，就在这里驻扎过。

它证明，原来石家河文化的一大片地盘被纳入了商王朝版图，长江和黄河两大流域早就“联动”了。

长江上游进入大家视线更晚，却“一鸣惊人”。

位于四川广汉的三星堆遗址，这几年“大新闻”就没断过。它并不是天上掉下来的，祖先可能是成都平原上的宝墩文化。

如同“外星来客”的青铜大立人和青铜人头像、刻着鱼和鸟图案的金杖、让人“脑洞大开”的青铜神树……提起三星堆，我们首先想到的总是这些怎么看怎么离奇的瑰宝。不过，生活在三星堆的人们和中原、长江中下游都没少打交道，出土的不少文物更加“常规”，看得出殷墟、盘龙城、良渚等地的痕迹。

三星堆文化消失以后，不远处的金沙文化“接了班”。国家文物局选定的中国文化遗产标志，就是那里出土的太阳神鸟金饰。

金沙太阳神鸟金饰

青铜人头像

青铜大立人

长江文明的发展

长江以19%的国土面积养育了33%的人口、创造了40%的国民生产总值。她留下的物质和非物质文化遗产，都占到了全国的30%以上。

长江和黄河都是中华文化的“母亲河”。

从环境角度来看，中华文化一直没有中断的重要原因，就是它拥有黄河和长江“双核”，所以哪怕遭遇变故，也具备比较大的缓冲余地，可以另起炉灶、保存实力。

直到西晋末年，“领跑”的都是黄河流域。

按司马迁在《史记》里的说法，“楚越之地，地广人稀，饭稻羹鱼，或火耕而水耨（nòu，除草）……无积聚而多贫。是故江淮以南，无冻饿之人，亦无千金之家”。

当时气温比现在高，关中一带能养活孔雀和犀牛、有大片竹林。长江流域却过于湿热了，疾病猖獗，不适合人类生活。然而随着气候慢慢变得干冷，黄河流域也因过度开发而水土流失、生态越来越脆弱，长江流域在农业上的优势就显现出来了。

长江流域可以分成好多文化区——

上游的羌藏文化（青藏高原和横断山区）、滇黔文化（云贵高原）、巴蜀文化（四川和重庆）；

中游的荆楚文化（湖北和湖南）、湖湘文化（是前者的分支）；

下游的赣皖文化（江西和安徽）、吴越文化（江苏和浙江）。

经济重心是怎么从北方移向南方的？

可以分成三个阶段——

东汉末年起，北方就战火不断，百姓为了过上安稳日子，开始往南跑。特别是西晋“永嘉之乱”以后，黄河流域被破坏得非常严重，第一次人口南迁高峰出现了。根据《宋书》，长江流域早已不是蛮荒之地：“民勤本业，一岁或稔（rěn，庄稼成熟），则数郡忘饥”。浙江一带的良田“亩直一金”，超过了长安城郊，而扬州的“丝绵布帛之饶，覆衣天下”。

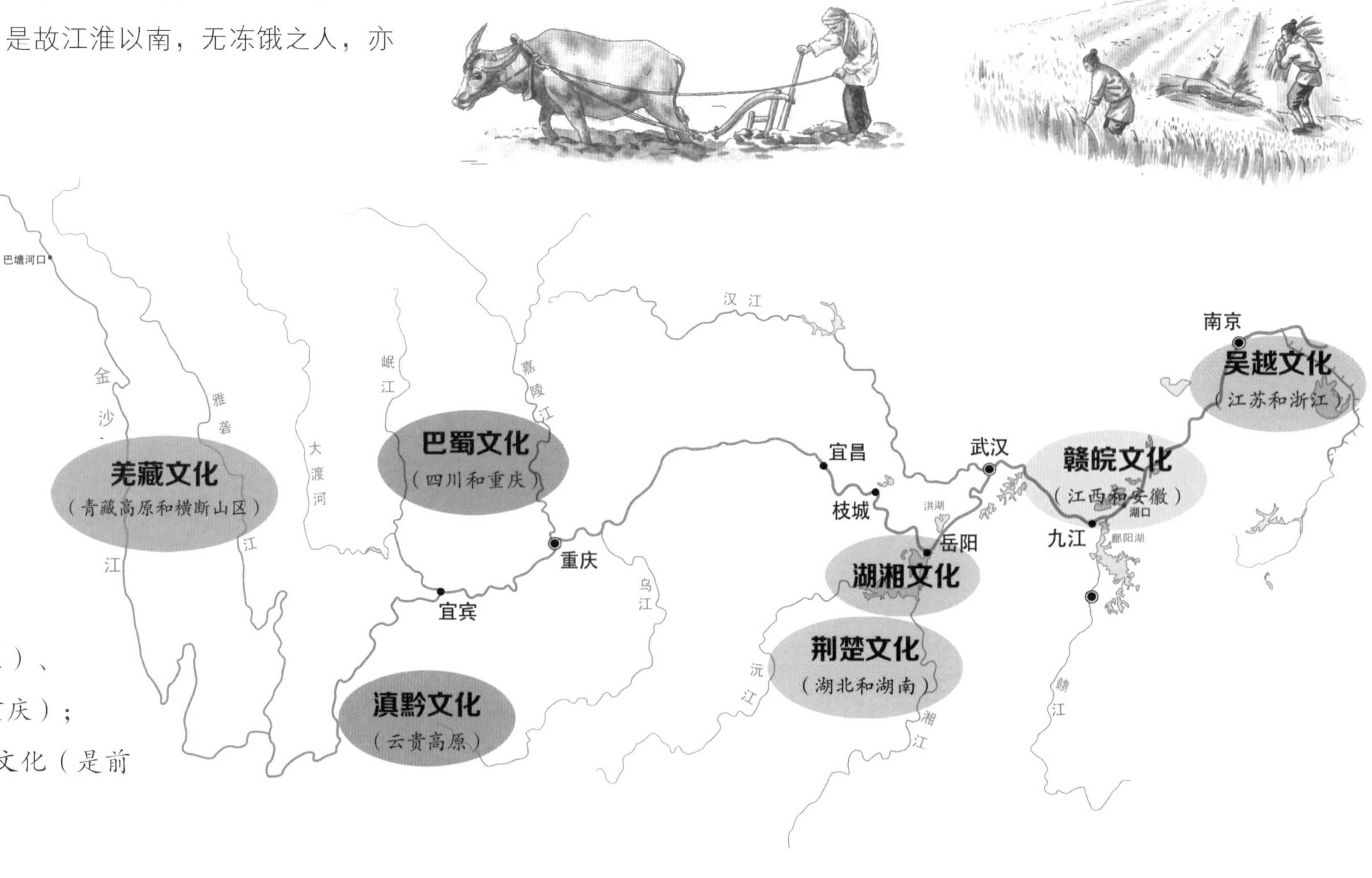

到了唐朝，“安史之乱”以后，北方几乎被一堆藩镇瓜分了，总是打仗。南方相对太平多了，于是百姓又纷纷前来避难。有了足够的劳动力、先进的生产技术，南方经济“奋起直追”，和北方的差距越来越小。朝廷的财政，也完全指望东南。

“靖康之变”以后，南宋定都临安，进一步拉动了南方的发展。不少南方港口成了“海上丝绸之路”重镇，越来越热闹。南方经济终于超过北方，将这种优势稳稳地维持到了明清，甚至今天。

自北宋起，文化中心也跟着南移。叫得上名字的词人、书法家、画家不少来自长江流域，像晏殊、范仲淹、“三苏”、王安石、黄庭坚、秦观等；杭州也是书籍印刷中心。

宋朝之前，主要在东西轴线上选择都城，像长安、洛阳、开封；而宋朝之后，主要在南北轴线上选择都城，像南京、杭州、北京。

中国丝织刺绣有三大产区，除珠江三角洲外，太湖流域（苏州、杭州、湖州并称“三大绸市”）和四川盆地都位于长江流域；“三大名锦”——南京云锦、成都蜀锦、苏州宋锦——也全是长江流域的特产。

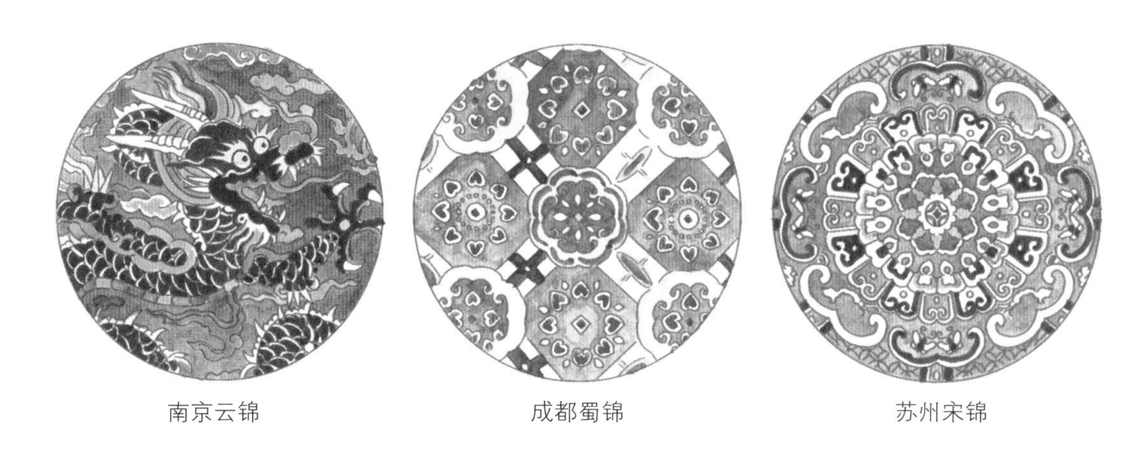

南京云锦　成都蜀锦　苏州宋锦

隋唐时期，浙江的越窑和河北的邢窑平分秋色，号称“南青北白”。宋元时期，景德镇异军突起，青花和釉里红一出现就让全国甚至世界倾倒。

荷叶盏托（唐代越窑）
宁波博物馆

白釉罐（唐代邢窑）
故宫博物院

中国“八大菜系”——鲁菜、川菜、粤菜、闽菜、苏菜、浙菜、湘菜、徽菜——当中，长江流域足足占了五席。

“千古兴亡多少事？悠悠。不尽长江滚滚流。”

长江是中华民族的代表性符号，和中华文明的标志性象征。万里江天，串起了过去、现在和未来。